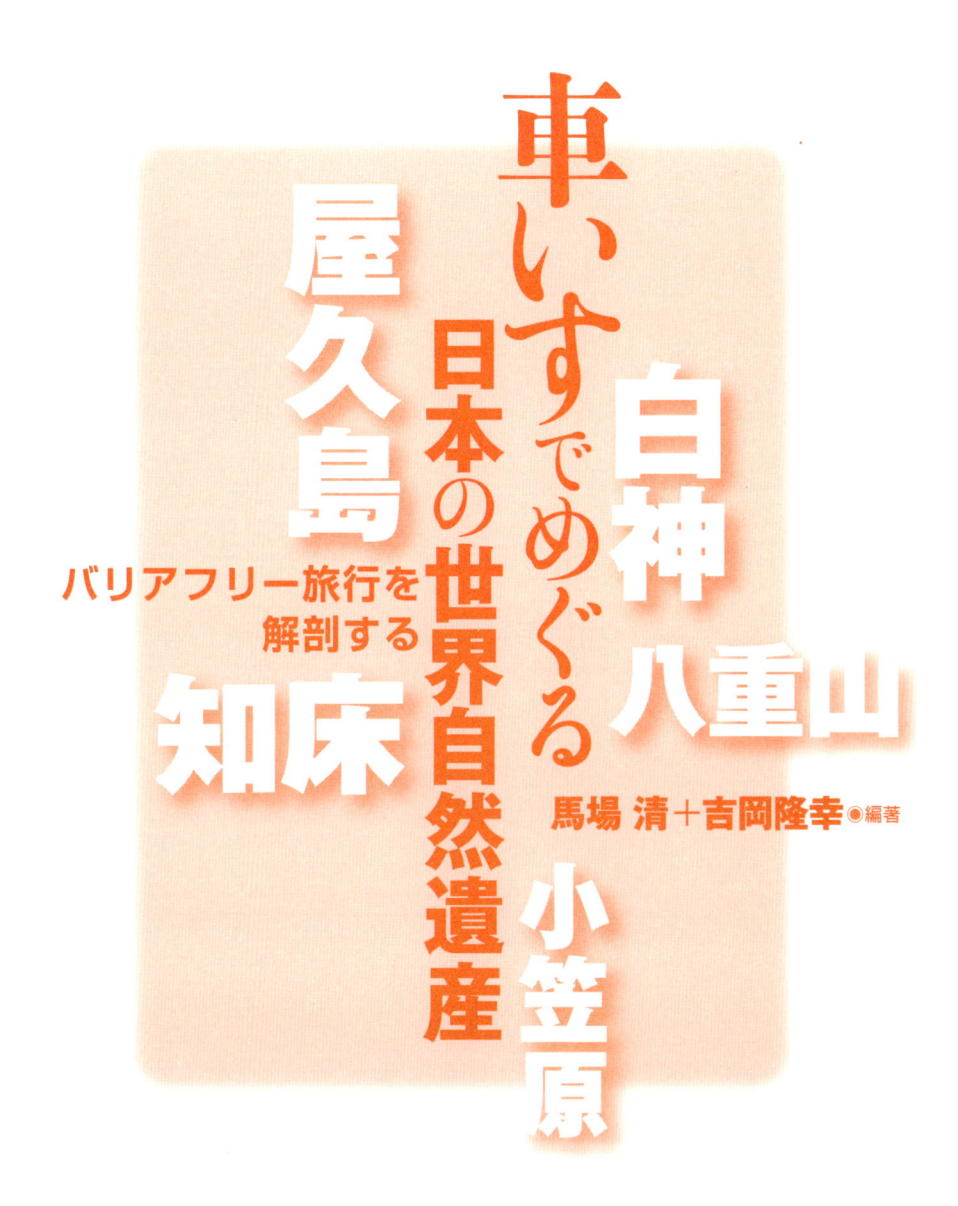

車いすでめぐる日本の世界自然遺産

バリアフリー旅行を解剖する

屋久島　白神　八重山　知床　小笠原

馬場 清＋吉岡隆幸●編著

現代書館

はじめに　～旅することは生きること～

　『人魚姫』などで知られるアンデルセンは、まだ飛行機はおろか汽車や汽船すらろくになかった時代に、計29回も外国旅行に出かけたという。もちろん作品のための材料集めや自分の名前を海外に売り込もうという意図もあったようだが、一方で常に新しいもの、未知のものへのあこがれが、童話作家として名を馳せてなお、極貧の生活を送っていた彼を旅に駆り立てたと言われている。そしてこんな詩も残している。

　　春の霞はもうあがった
　　どこもかしこも緑いろ！
　　旅することは生きること
　　血はかろやかに駆けめぐる！
　　　（中略）
　　小鳥のつばさが窓を打つ
　　外へ出よう、いますぐ！
　　知識の実は外になっている
　　健康のりんごと共に
　　飛んでいって、その実をつもう！
　　すべてのすばらしいもの、美しいものを！
　　喜びを、喜びを！　帆をはって！
　　旅することは生きること！　（山室静　訳『アンデルセン詩集』より）

　いや、何も旅の魅力を語るのに海外に例をとらなくてもよい。日本人もまた旅が大好きであった。

「月日は百代の過客にして、行きかふ年もまた旅人なり。舟の上に生涯をうかべ馬の口とらへて老をむかふる者は、日々旅にして旅を栖とす。古人も多く旅に死せるあり。予もいづれの年よりか、片雲の風にさそはれて、漂泊の思ひやまず」（松尾芭蕉『おくのほそ道』より）

　最後の「漂白の思ひやまず」は、芭蕉と並んで「漂泊の詩人」と言われる西行がよく使ったことばだと言われている。この「漂泊」つまり「さまよい歩くこと」にこそ、旅の真髄がある。日常の生活から身も心も解放し、知らない土地をさまよい歩くことで、新たな出会いにぶつかったり、今まで気づかなかった自分を発見したりする。これこそが旅の魅力である。芭蕉も西行も、この魅力にとりつかれた人物である。
　このように旅は古今東西、いろいろな人が楽しんできた代表的なアミューズメントの一つである。そしてまたこのアミューズメントは、他の動物たちがなしえない、人間だけが行う文化的な営みでもある。
　とすれば、こうした旅はすべての人にとって楽しむ権利があるべきだ。障がいがあろうとなかろうと、高齢であろうとなかろうと、すべての人が楽しめるようにその機会が保障されなければならない。しかし、現実にはその楽しみがすべての人に開かれているわけではない。実際には様々なバリアが存在しているのである。
　そこでそうしたバリアを取り除き、障がいのある人も高齢者も旅を楽しめるように、様々な工夫がなされた旅が登場した。バリアフリー旅行である。
　例えば、移動に使うバスにリフトが付いている。宿泊するホテルの部屋に様々な工夫がされていて、車いすでも利用できる。盲導犬と一緒に行動ができる。介助者が付いていて、介助が必要なときには手助けをしてくれる。
　つまり何らかの人的（介助ボランティアの同行など）、物理的（部屋の段差の解消やリフト付きバスのチャーターなど）、経済的（旅行に関する補助金など）配慮が行われているレジャーのための旅行をバリアフリー旅行という。

そして最近では、いわゆる団塊の世代が退職を迎えるにあたって、すべての人が楽しめるバリアフリー旅行を実現すべく、多くの旅行業界、公共交通機関、観光業者等が取り組むようになってきた。そして様々な障がいのある人が、それまでは夢であった旅行に行き、すばらしい体験ができるようになってきている。

　その一方で、まだまだ障がいがあるだけで、旅に行くということをあきらめてしまっている人、あるいはあきらめざるを得ない人もいる。その理由は様々であるが、ヒトのバリア（介助者がいない、など）、モノのバリア（ホテルのトイレが利用できない、など）、カネのバリア（収入が少なく手が届かない、など）、情報のバリア（車いすでも泊まれるホテルがどこにあるかわからない、など）がまだまだ存在しているのである。

　そこで私たちRARC（立教大学アミューズメントリサーチセンター）のバリアフリー旅行研究班では、実際に車いすユーザーと一緒に、日本各地を巡りながら、いったい現時点で、障がいのある人が旅行する上で、バリアがあるのかないのか、あるとしたら何がバリアなのか、そしてそのバリアを低くし、将来的にはなくしていくために何が必要なのかについて、研究を進めてきた。本書はその5年間の研究のまとめである。

　この5年間の研究を進める上で注意してきたのは、いわゆる「冷たい頭と熱い胸」。冷静に事実を分析しつつ、旅の本質を知るためにも、徹底的に楽しもうという姿勢である。

　本書は大きく二つの部分から成り立っている。まず「熱い胸」にあたる第1章はこの5年間、日本の「世界自然遺産登録地域」（候補地も含む）を実際に車いすの人と巡ってきた経験をまとめたガイドブックである。「世界自然遺産」といういわば特異な自然が今なお豊かに残されている（ということはバリアフルである）自然観光地をあえて選んで、車いすユーザーがどれだけそこで旅を楽しめるかについて、徹底的に楽しみながら、考えてみた。おそ

らくこの第1章のカラーページを見れば、私たちの想いが伝わるだろうと自負している。ページをめくりながら、豊かな日本の自然に想いを馳せつつ、そこで終わりにするのではなく、実際に一人でも多くの人に訪れていただきたい。そこで雄大な自然、日本固有の自然を満喫してきてもらいたい。

そして「冷たい頭」にあたる第2章～第4章では、日本のバリアフリー旅行について、歴史を振り返りながら、現状と課題をまとめ、そこから「四つのバリア」を抽出、そのバリアを低くする先進的な取組みについてまとめた。日本でもすべての人が旅行を楽しむことができるように知恵と工夫を凝らしながら、様々な取組みをしている人がいるのである。そうした取組みを紹介することで、少しでもバリアが低くなるために何が必要なのかについて考えた。

アンデルセンは「旅することは生きること」と言った。松尾芭蕉は「漂白の思ひやまず」と書いた。さあ、われわれもそろそろ旅に出発することにしよう。旅を通して、生きることの素晴らしさを実感し、明日へのエネルギーを蓄えようではないか。

車いすでめぐる日本の世界自然遺産

目次

はじめに〜旅することは生きること〜　1

第1章　車いすで楽しむ日本の世界自然遺産 ──── 9
　　　　　　　　　　　　　　　　　　　　吉岡隆幸

　車いすで行く！　日本の世界自然遺産①屋久島　10

　車いすで行く！　日本の世界自然遺産②白神山地　18

　車いすで行く！　日本の世界自然遺産③知床半島　25

　世界自然遺産の登録なるか！?「八重山諸島」を旅しよう！　31

　世界自然遺産推薦地「小笠原諸島」にだって行ける！　37

　　車いすで行く日本の世界自然遺産　交通ガイド　41

　車いすツーリスト　佐藤の挑戦！　佐藤功晃　44

第2章　日本におけるバリアフリー旅行の歴史と意義 ──── 49
　　　　　　　　　　　　　　　　　　　　馬場　清

　第1節　日本におけるバリアフリー旅行のはじまり　50

　第2節　その後の日本のバリアフリー旅行　66

　学生バリアフリー調査隊が行く！①　小山貴子　70

第3章　バリアフリー旅行の現状と課題 ——— 73

馬場　清

第1節　バリアフリー旅行は普及している？　74

第2節　バリアフリー旅行は停滞している　95

第3節　バリアフリー旅行の課題　120

学生バリアフリー調査隊が行く！②　折橋麻美　135

第4章　社会を切り拓くバリアフリー旅行 ——— 137

馬場　清・飯嶋文香・肥田木健介

第1節　カネのバリアをなくすために　138

第2節　モノのバリアをなくすために　146

第3節　ヒトのバリアをなくすために　155

第4節　情報のバリアをなくすために　164

あとがき　173

装幀　渡辺将史

Yakushima

●第1章●

車いすで楽しむ
日本の世界自然遺産

Shirakami

Shiretoko

Yaeyama

Ogasawara

シーカヤックに乗ることによって、通常の登山観光などのコースではお目にかかれない外海からのその雄大な自然を、波に揺られながらゆったりと眺めてみよう！

車いすで行く!
日本の世界自然遺産①

屋久島

1993年12月11日、白神山地と同時にユネスコの世界自然遺産に登録された屋久島は、島の中央部の宮之浦岳を含む屋久杉自生林や西部林道付近など、何と島の約21%もの面積が世界自然遺産に登録されている、まさに「世界自然遺産の島」だ。大自然あふれるその姿から「洋上アルプス」と呼ばれる屋久島だって、車いすで楽しめる場所はたくさんある。登山が必要な「縄文杉」には行くことはできないが、屋久島の魅力は何もそれだけじゃない。島に刻まれたその太古の記憶が織りなす大自然へ、車いすのあなたをご案内しましょう!!

車いすツーリスト 佐藤の一言

登山がメインの観光である屋久島でシーカヤックに乗りました。トローキの滝を目指してスタートしましたが、外海で波に逆らいオールを漕いだためいきなり転覆してしまい、かなり冷や汗ものでしたが、ちゃんとガイドさんが助けてくれました。その後は無事にトローキの滝の真下まで行くことができて(でも、おそるおそる…)、滝の水しぶき(マイナスイオン)を全身に浴びることができました。ちょっと他では体験できないことをしちゃいました。

第1章 車いすで楽しむ日本の世界自然遺産

屋久島ぐるっと一周
バリアフリートイレ&観光マップ

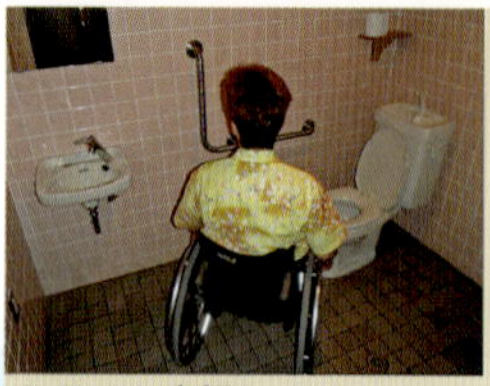

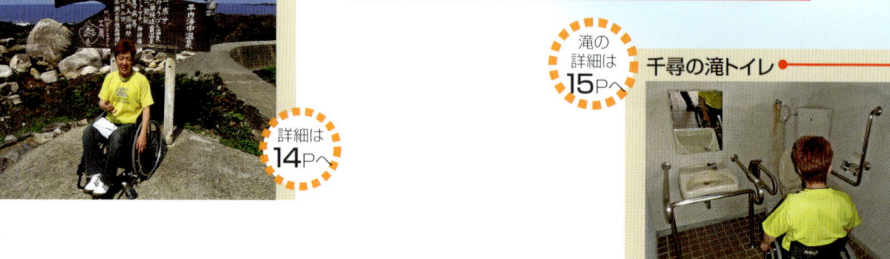

ふるさと市場トイレ

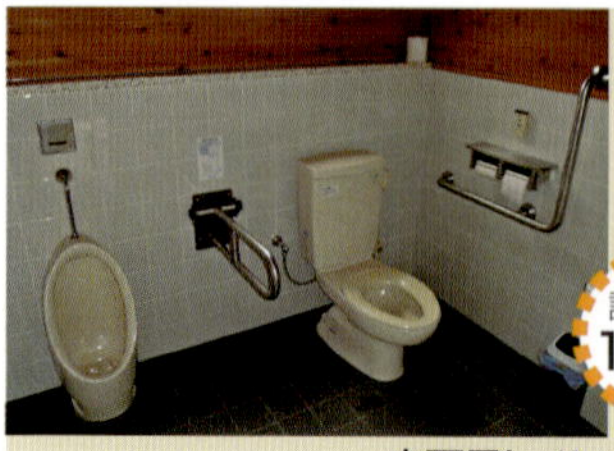

志戸子トイレ

詳細は15Pへ

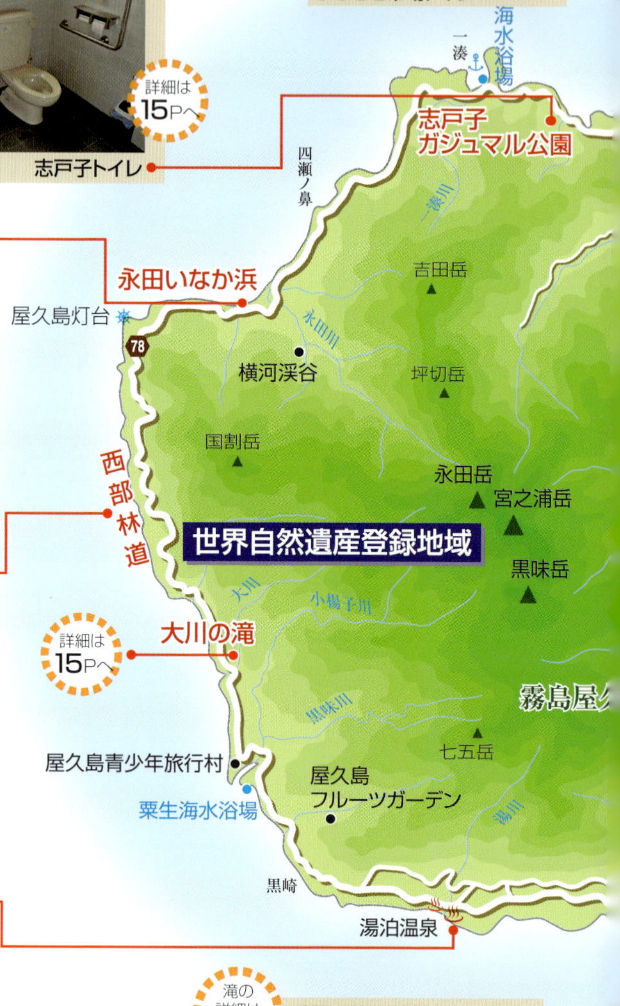

海水浴場
一湊
志戸子ガジュマル公園
四瀬ノ鼻
一湊川
永田いなか浜
屋久島灯台
78
吉田岳
永田川
横河渓谷
坪切岳
国割岳
永田岳
宮之浦岳
西部林道
世界自然遺産登録地域
黒味岳
大川
小楊子川
大川の滝
霧島屋
黒味川
七五岳
屋久島青少年旅行村
粟生海水浴場
屋久島フルーツガーデン
湯川
黒崎
湯泊温泉

永田いなか浜

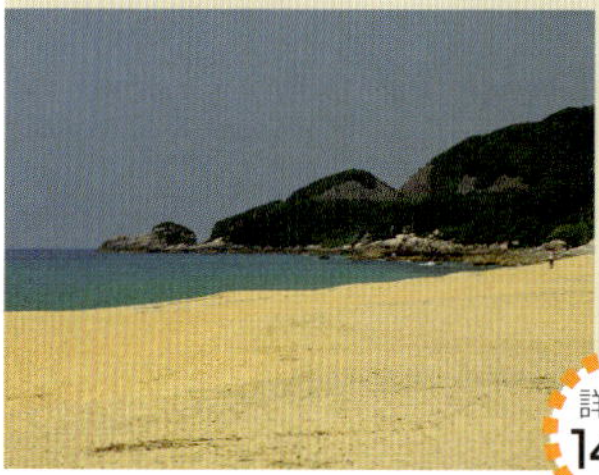

詳細は14Pへ

西部林道

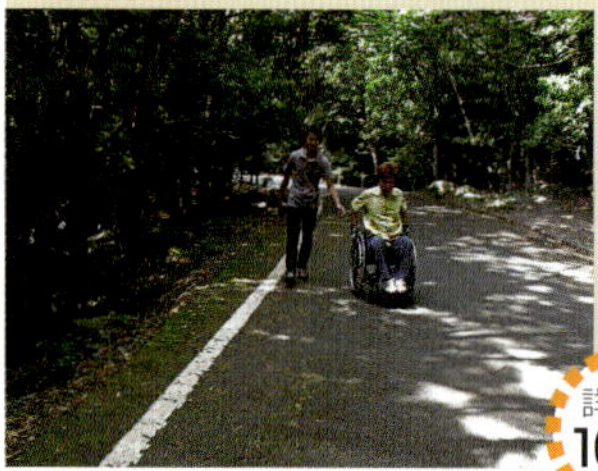

詳細は16Pへ

詳細は15Pへ

平内海中温泉

詳細は14Pへ

滝の詳細は15Pへ

千尋の滝トイレ

海上から屋久島を!
「シーカヤック」に挑戦!!

下半身不随の車いすツーリスト佐藤はガイドの手助けを借りてカヤックに乗り降りした。手を使うことができれば、操作は問題ない。操作に自信がない方は2人乗りのカヤックに乗せてもらい、屋久島の外海へ旅立とう!

トローキの滝の間近でゴウゴウとうなる滝しぶきを浴びて、もう全身はビショビショ…。でも、気分は最高です!
もう1回チャレンジしたいと思います!!

◆ここに連絡して挑戦してみよう!
17ページで紹介している
エコツアーガイド・Earthly Company
(アースリーカンパニー)へ連絡しよう!

奇跡の瞬間!
「ウミガメの産卵」を観察しよう!!

永田前浜・いなか浜は日本一のウミガメ上陸数を誇る自然豊かな浜。天気のよい日は、口永良部島や硫黄島、竹島などを見渡すことができる美しい海が広がっている。

ウミガメが産卵する奇跡の一瞬。実際はフラッシュ撮影禁止だが、専属ガイドがウミガメに害のない程度のライトで照らしてくれるので、その瞬間を十分に見ることができる。

◆ここに連絡して観察してみよう!
永田ウミガメ連絡協議会
TEL／090-8768-4281
FAX／0997-45-2484
HP／http://umigame.refire.jp/index.html
受付時間／13:00～17:00
観察会期間／毎年5月中旬～7月末(要問い合わせ)
観察協力金／大人700円、高校生500円、中学生以下無料

＊観察者には記念品(ウミガメの絵葉書)付き
見学方法／完全予約制。20:00～20:30に現地(永田いなか浜)へ各自集合し、ガイドからの講習を受けてから、ガイドの指示に従って観察をする。

海から秘湯が出現!?
車いすで「平内海中温泉」を満喫!

駐車場からずっとスロープが続くため車いすでのアクセスは可能だが、途中で急な坂道があるのでそこだけは注意しよう。入口にある料金箱へ協力金として100円程度を支払い、マナーを守って入浴しよう。

写真は撮影用のため着衣だが、本来は湯船の手前で服を脱いでから湯に浸かる。温泉が湧き出ている場所を確認してから入らないと、冷たい海の中に浸かることになってしまうので注意しよう!

平内海中温泉に行くには?
県道78号線を安房から栗生へ進む途中に「平内海中温泉」という看板があるので、それに従ってください!

巨大な花崗岩の一枚岩を滑り落ちる「千尋の滝(せんぴろ)」

千尋の滝を一望できる展望所までは舗装されているため、比較的アクセスしやすい。雨が降ると少し滑りやすいので注意が必要。

標高約270mに位置する展望所からは落差約60mの千尋の滝を一望することができる。
記念撮影にもピッタリの場所だ。

◆ワンポイントガイド
モッチョム岳のふもとにかかる千尋の滝は、400m×200mという信じられないほど巨大な花崗岩の一枚岩のV字型のくぼみを流れ落ちる、落差約60mの雄大な滝。駐車場にバリアフリートイレと売店が設置されている。

見学自由、駐車場無料、バリアフリートイレあり
住所／屋久島町原　ＴＥＬ／0997-47-2111（屋久島町尾之間支所商工観光課）

日本の滝百選！「大川の滝(おおこ)」を見学しよう！

滝付近までのスロープは舗装されているが、車いす1台がやっとの幅なので注意が必要。電動車いすは特に気をつけて！

車いすでも滝壺の近くまで行くことができる。ここにいるだけで滝のしぶきを心地よく浴びることができる。マイナスイオン漂うパワースポットだ！

◆ワンポイントガイド
「日本の滝百選」に数えられ、200以上ある屋久島の滝を代表する落差88mの巨大な滝は迫力満点！
周辺にはバリアフリートイレがないので、事前にお手洗いを済ませてから観光しよう！
また、近くには「大川湧水」を汲める場所があるので、空のペットボトルを持って行ってみよう！

見学自由、駐車場無料、バリアフリートイレなし（和式トイレのみ）
住所／屋久島町栗生　ＴＥＬ／0997-47-2111（屋久島町尾之間支所商工観光課）

亜熱帯を実感！「志戸子(しとこ)ガジュマル公園」に行こう！

◆ワンポイントガイド
志戸子とは集落の名前、その志戸子集落の海岸線にあるガジュマル公園は亜熱帯植物が作りだした緑の王国。ガジュマルには精霊が住んでいて、幸せを運んでくれるという言い伝えがある。道は舗装されており、バリアフリートイレもあるので車いすでも安心して観光できる！

園内は舗装されているため、車いすのアクセスに問題ない。まるで生き物のような亜熱帯の大自然を間近に眺めながら、園内をゆっくりと散歩しよう！

途中で壮大なガジュマルが垂れ下がっている場所もあるが、写真のようにしゃがんで進んでいけば大丈夫！
今思えばこんな経験もめったにできない!?

見学時間／8:30～17:30　入園料金／大人200円、小・中・高校生100円
住所／屋久島町志戸子133-1　ＴＥＬ／0997-43-5900（屋久島町宮之浦支所商工観光課）

車で目の前まで行ける老杉、「紀元杉」に会いに行こう!

登山をしなければ出会えない代王杉、ウィルソン株らと比較しても、決して引けをとらない大きさ!

雷にでも打たれたのか、白くなった幹の先端がかえって神聖な雰囲気をかもし出す。

紀元杉の向かい側には「紀元命水」という湧水が出ている。くせがなく、まろやかな口当たり。とてもおいしいこの水をペットボトルなどに入れて持ち帰ろう!!

◆ワンポイントガイド

標高1230mにそびえ、樹高19.5m、幹周8.1m、樹齢推定3000年と呼ばれている紀元杉は、屋久島において道路沿いから見ることのできる屋久杉の中で最も大きく、最も老樹と言われている。周辺にはトイレがないので、事前にお手洗いを済ませてから観光しよう!

見学自由、駐車場なし(路上駐車可)、バリアフリートイレなし(一般トイレもなし)
住所／屋久島町国有林地帯内 TEL／0997-43-5900 (屋久島町宮之浦支所商工観光課)

世界自然遺産に登録されている原生林「西部林道」を探検!

◆ワンポイントガイド

「西部林道」とは、島の西側に位置する栗生地区と永田地区を結ぶ道路の通称であり、屋久島で唯一、海岸線から世界自然遺産に登録されている地域です。道路上を散策するため、車いすのアクセスには問題ないが、車1台分の狭い道幅なので散策には注意が必要!

西部林道では野生のサルやシカに頻繁にあうことができる。天気がよいと道路のまん中で毛づくろいなどをしている。屋久島のサルやシカは小柄なのが特徴的だ。

せっかくの西部林道に行くときはガイドを頼んで、その世界最大級の照葉樹林が魅せる大自然を堪能しよう!

見学自由、バリアフリートイレなし(一般トイレもなし)
住所／栗生地区と永田地区を結ぶ県道78号線上 TEL／0997-43-5900 (屋久島町宮之浦支所商工観光課)

バリアフリーなレストラン「のどか」でランチ!

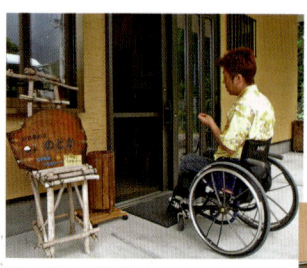

福祉施設で8年間、栄養士として勤務したオーナーが開いたバリアフリーレストラン。玄関や店内は全てフラットで安心した造り。

栄養バランスたっぷりで多品目の定食メニューは850円から。

テーブルの配置もゆったりとしていて、車いすの移動には十分のスペース。店内にはもちろんバリアフリートイレもあり、安心しながらゆっくりとお食事を楽しめる。

◆お腹がすいたらここに連絡して行ってみよう!

お食事の店 のどか

TEL／0997-46-2669
住所／屋久島町安房2437-269 (県道78号線とヤクスギランド線の交差点から、尾之間方面に1kmほど進むと海手に看板あり)
営業時間／11:00～15:00 (夜は要予約)、定休日は要確認
メニュー／日替わり定食850円、焼き魚定食1000円、コーヒー350円など。

Yakushima

屋久島のバリアフリーホテル紹介

JRホテル屋久島

屋久島では数少ない天然温泉の大浴場を持ち、海と山に囲まれた夕日自慢のバリアフリー対応ホテル。旬の食材をふんだんに使った料理も自慢のひとつ。設備と景色の素晴らしさ、スタッフのホスピタリティーに大満足できるホテルなので、ゆっくりと滞在することをオススメします。

```
ホテルインフォメーション
TEL／0997-47-2011
住所／屋久島町尾之間136-2
HP／http://www.jrk-hotels.com/yakushima/
宿泊料金／1泊2食15000円～
　（チェックイン15:00／チェックアウト11:00)
客室／バリアフリールーム1部屋、洋室ツイン43部屋、温泉付き特別室2部屋
施設／ロビーにバリアフリートイレ1ヶ所あり。その他、売店・レストラン・大浴場・露天風呂あり。
```

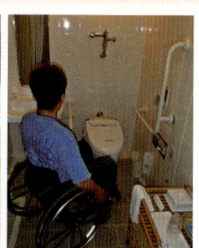

客室内は広くて使いやすい。ただし、客室入口はスライドドアではないので注意。

天然温泉の大浴場。壁側に手すり1ヵ所あり。湯はぬめりがあるので転倒注意！

客室内の浴槽。ユニットバスタイプのためトイレと同室となっている。

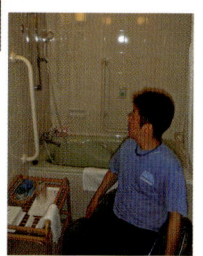

客室内のトイレ。手すりもあり車いすが回転できる広さは確保してある。

ちょっと寄り道！

鹿児島空港の足湯でひとやすみ♪

鹿児島空港内の観光案内所の窓口スタッフに依頼すれば、油圧式で座席が斜めにスライド可動する専用の車いすを貸してくれる。

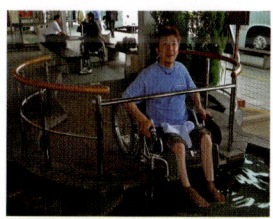

まさか車いすに乗ったまま足湯を楽しめると思ってなかったから、気分はもう最高！

屋久島は私たちにお任せください!!

Earthly Company
アースリーカンパニー

私たちと一緒に屋久島の自然を堪能しませんか？ きっと多くの新しい発見をすることができるでしょう。エコツアーガイドはただの道案内ではありません。自然の心を伝える橋渡しとしてお手伝いします。屋久島の自然に心ゆくまで身を委ねてみませんか！ アースリーカンパニーは基本的に1グループでツアーを行いますので、お客様のニーズに合わせて柔軟に対応できます。車いすの方でも楽しめる屋久島へ、私たちが自信をもってご案内します!!

Earthly Company
代表：木下大然

車いすで屋久島を遊ぶなら私たちにお任せください！
自社でリフト付きバスを保有しています。

TEL ／ 0997-46-3714　　FAX ／ 0997-46-3738
携帯電話／090-4342-0012
HP ／ http://tetec.jp/eco.htm　　住所／屋久島町安房2627-133
備考／車いすを5脚積めるリフト付バスと車いすをご用意しております。介助を要する方の場合には、介助者が必ずご同行ください。介助者のガイド料は頂きません。ただし旅行傷害保険には加入していただきます（一人500円)。また、ツアーには救助犬が同行しますので、犬が苦手な方は予めお申し付けください。

Shirakami

車いすで行く！
日本の世界自然遺産②
白神山地

バリアフリー木道が設置された「岳岱自然観察教育林」を専属ガイドの話を聞きながら散策する。目をつぶるとブナの原生林の話し声が聞こえてきそうなほど、ひっそりとした神秘的な森の中だ。

1993年12月11日、屋久島と同時にユネスコの世界自然遺産に登録された白神山地は、青森県の南西部から秋田県北西部にかけて広がる山地で、人の手が加えられていないブナの原生林からなっています。全体の面積は13万haでそのうち約1万7千ha（169.7km²）がユネスコの世界自然遺産に登録されており、世界遺産登録地域の外側にも広大な山林をもつ、かつてのマタギたちが守ってきた神聖な山地です。ここでは、青森県と秋田県それぞれの県側からの白神山地の楽しみ方をご紹介しましょう！

車いすツーリスト 佐藤の一言

この「岳岱自然観察教育林」はウッドチップの木道で整備されているため、車いすになってから諦めていた森林浴を体験することができました。ブナの原生林の中を専属ガイドさんのお話を聞きながら散策しましたが、都会暮らしの私には知らないことだらけで、感心することばかりでした。今回の旅行は9月中旬だったので、今度は初夏のブナの木が水を吸い上げる季節にまた来たいと思いました。

Shirakami

「岳岱自然観察教育林」のバリアフリー木道を散策！

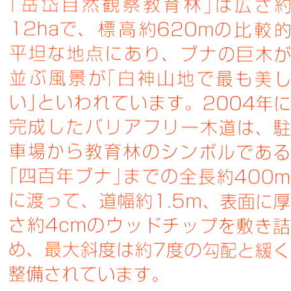

ウッドチップが敷き詰められた「バリアフリー木道」は車いすでも安心してアクセスできる。旅行で訪れた時は9月中旬、紅葉の一歩手前の時期。紅葉の素晴らしさが今から予想できる美しい森だ。

◆ワンポイントガイド

「岳岱自然観察教育林」は広さ約12haで、標高約620mの比較的平坦な地点にあり、ブナの巨木が並ぶ風景が「白神山地で最も美しい」といわれています。2004年に完成したバリアフリー木道は、駐車場から教育林のシンボルである「四百年ブナ」までの全長約400mに渡って、道幅約1.5m、表面に厚さ約4cmのウッドチップを敷き詰め、最大斜度は約7度の勾配と緩く整備されています。

樹齢約400年のブナの大木の前で。一般的にブナの寿命は250年から300年といわれているが、このブナにはまだまだ生命のエネルギーが満ち溢れている。ブナの大木に元気をもらった気がした。

「ホテルゆとりあ藤里」で作ってくれたお弁当。ウォーキングで疲れた体にちょうど良い量と栄養バランス！ペットボトルになっている白神山地の水もなめらかでおいしい！！

秋田県藤里地区の白神山地 バリアフリーマップ

詳細は20Pへ

白神山地のガイドは私たちにご依頼ください!!

財団法人
藤里町観光物産協会

今回お世話になったガイドは白神山地ガイドの中でも大ベテランの市川善吉さん。自然に対するマナーを守りながら散策するためにも、必ず白神山地ガイドを依頼して森に入ろう!!

TEL／0185-79-2518
FAX／0185-79-1114
住所／藤里町粕毛字清水岱7-1
ガイド料金／白神山地の散策：ガイド1名につき、17000円。

備考／原則としてお客様のお車に乗り込んでのガイドとなります。また、お申込み時に車いす利用者ということをお伝えください。また、安全上の理由から介助者を伴ってのご利用をお願いします。

美しい白糸二段の「峨瓏峡(がろう)」を見に行こう!!

駐車場から滝までの道は舗装されているが、出入り口のスロープの傾斜がきついので注意が必要。

滝しぶきとマイナスイオンを全身に浴びながら、雄大な滝を間近に眺めることができる。

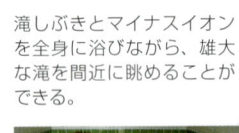

駐車場にある公衆トイレにバリアフリートイレあり。

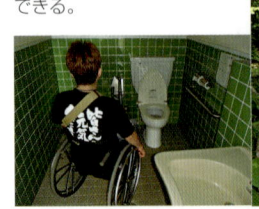

白神山地へ行く前に「世界遺産センター」に立ち寄ろう!

展示室には世界遺産条約の概念や白神山地の自然に関する資料が展示されている。

新緑と紅葉の絶景地「釣瓶落峠(つるべおとし)」に立ち寄ろう!

紅葉時には天然秋田杉の緑と紅葉との対比が美しいことで知られる隠れた紅葉の名所。車をとめて車道から眺めることができる。紅葉の見頃時期は例年で10月中旬～10月下旬。

TEL ／ 0185-79-3001　FAX ／ 0185-79-3008
開館時間／9:00～17:00　入館無料
休館日／毎週火曜日（祝日の場合は翌日）、年末年始
住所／藤里町藤琴字里栗63番地　施設／バリアフリートイレあり。

秋田県藤里地区のバリアフリーホテル紹介

ホテルゆとりあ藤里

大浴場に湧き出る湯ノ沢温泉は、リウマチ性疾患や運動器官傷害、神経痛などに効果があるといわれる、全国的にも珍しい泉質の温泉。地元でとれた山菜をふんだんに使った和風懐石料理に舌鼓を打ちながら、自然に囲まれたホテルでゆっくりと過ごせます。お昼のお弁当はフロントに依頼して用意してもらえます。

自慢の和風懐石料理

館内にあるバリアフリートイレ

広めに設計された客室

手すりが完備された大浴場

ホテルインフォメーション
TEL／0185-79-1070　住所／藤里町藤琴字上湯ノ沢1-2
HP／http://www.shirakami-fujisato.com
宿泊料金／1泊2食10650円～（チェックイン15:00／チェックアウト10:00）
客室／洋室8部屋、和洋室4部屋、和室8部屋、スイートルーム1部屋
施設／ロビーにバリアフリートイレあり。その他、売店・大浴場・露天風呂あり。

Juuniko

青森県側からの白神山地
「十二湖」を楽しもう！

十二湖のメインスポット、青く蒼く透き通ったことから名づけられた「青池」を専属ガイドと一緒に眺める。まるで吸い込まれそうなほど透き通ったこの青色。このウッドデッキに行くまでは介助者の手助けが必要だが、宿泊ホテル「アオーネ白神十二湖」に相談すれば専属ガイドだけでなく介助スタッフも依頼することができる（ガイド、スタッフともに手配は有料）。池の中にはブナの原木がそのまま水中に朽ちていて、太古そのままの自然を今に伝えている。太陽の光によって1日に何度も湖の色を変える青池は、訪れる人に神秘的な印象を与えながら、今日も静かに青色の光を放っている。

車いすツーリスト 佐藤の一言

写真の青池が見渡せる場所まではサポートが必要な段差が6段ぐらいありましたが、アオーネ白神十二湖の親切な介助スタッフと同行者に手伝ってもらいました。写真のこの場所は高台の木道になっていて、木道から見下ろす青池はとても澄み切っていて、まさにその名の通りの青色でした。光の照らし方、反射、時間帯で微妙に青色が変化していくのが分かり、まさに奇跡の瞬間の連続をこの目で見ました。言葉では表現できない色、それが青池の青でした。

青森県十二湖地区の白神山地
バリアフリーマップ

幻の魚イトウが住む「鶏頭場(けとば)の池」
ブナなどの広葉樹の深い原生林に囲まれた美しい鶏頭場の池から、青池までは徒歩5分。青池までの散策路はウッドチップで舗装され車いすでもアクセスしやすい。

十二湖メインの観光スポット「青池」
青池が見渡せる場所までは写真のような階段を上らなければならない。青池を見たい方はアオーネ白神十二湖に介助スタッフを依頼しよう!

散策したあとは茶室「十二湖庵」でひと休み!
「湯壺の池」から流れる清水は平成の名水百選。隣の茶室にはその名水で入れた抹茶と菓子のサービスを行っています。茶室の隣にある公衆トイレがバリアフリー対応。

バリアフリートイレあり

東湖盆と西湖盆の2つの池によって形成されている「王池」バリアフリートイレあり

バリアフリートイレあり

秋田方面へ→
秋田空港、大館能代空港など

←青森方面へ マザーツリー、ウェスパ椿山、鰺ヶ沢方面

詳細は24Pへ

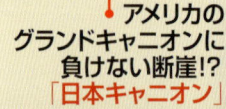

アメリカのグランドキャニオンに負けない断崖!?「日本キャニオン」
アメリカのグランドキャニオンを思わせる景観から命名。崩壊侵食による白い断崖が新緑や紅葉に映える姿は大迫力。

青森県側の白神山地を専属ガイドと一緒に散策してみよう！

長い歳月を経て成長した天然のブナ林に囲まれていると、驚くほど美しい空気に自分が包まれているのが分かる。ふと見上げたブナ林たちに思わず吸い込まれそうになる。

天然のブナ林に無数にちらばる貴重な木の実探しも専属ガイドにお任せ！

◆このガイドさんに頼んで
　白神山地を散策しよう！

岩崎自然ガイドクラブ

私たち岩崎自然ガイドクラブは、一人でも多くの人々にこの深浦町岩崎地区（白神・十二湖）の自然を共に体験することによって紹介し、ひいてはご案内した方々の自然保護への意識開眼の一助となるべく活動しています。

TEL／0173-77-3311（アオーネ白神十二湖）
HP／http://www.shirakami-jyuniko.jp
（アオーネ白神十二湖）
備考／アオーネ白神十二湖に予約をお願いします。また、ガイド付きのお得な宿泊プランもありますので、あわせてホテルへご確認ください。介助スタッフも別途有料にて承っております。

青森県十二湖地区のバリアフリーホテル紹介

アオーネ白神十二湖

完全バリアフリーなコテージを5棟備えた自然体験型リゾート宿泊施設。十二湖の観光拠点であり、専属ガイドや介助スタッフのご手配もお任せください。2009年5月1日には天然温泉の大浴場もオープンし、ますますゆっくり過ごせる施設が整いました。ここまでバリアフリーなコテージはどこを探してもここにしかありません。幻の魚「イトウ」を食べられる夕食メニューも選択可能です（要予約）。

バリアフリーコテージの外観。入口はスロープになっている。

施設内のレストランは広くて使いやすい。バリアフリートイレも完備。

ベッドルームは1階にツインルーム、2階にツインルームが2ヵ所。定員は6名。

施設内の大浴場。手すりが1ヵ所ついている。段差はなくフラットな作りだ。

コテージ内のバリアフリートイレ。ドアはスライド式で非常に使いやすい。

コテージ内のバリアフリー浴室。ドアはスライド式で手すりも完備。シャワーチェアの貸し出しもしています。

ホテルインフォメーション

TEL／0173-77-3311　　住所／深浦町大字松神字下浜松14
HP／http://www.shirakami-jyuniko.jp
宿泊料金／1泊2食8400円〜　（チェックイン15:00／チェックアウト10:00）
客室／バリアフリーコテージ5R、一般コテージ12R、和室10部屋
施設／レストラン（バリアフリートイレあり）・物産館・手作り工房・大浴場あり。

車いすで海釣りにチャレンジ！

アオーネ白神十二湖のスタッフにお願いして、早朝から海釣りに連れていってもらいました。釣りポイントまでは車で移動し、釣り場になる護岸までは段差なく車いすでもアクセス可能でした！！
さぁ、海釣りチャレンジの結果はいかに！？

早速、海釣りスタート！初めての海釣りです。

あらら…。仲間に先を越されてしまいました。

私もやっと1匹釣りました！うれし〜♪

今回の釣果は…。うーむ、まぁまぁ!?次はもっと釣るぞ！

「WeSPa（ウェスパ）椿山」のスロープカーに乗って絶景を楽しもう！

展望台からの眺めはまさに絶景。世界自然遺産の白神山地を上空から眺める貴重な体験ができた。

展望台へのスロープカーはバリアフリー対応になっており、スタッフも手伝ってくれるため安心して乗ることができる。

◆ワンポイントガイド
WeSPa（ウェスパ）椿山は広大な敷地内に、宿泊施設（コテージ）・天然温泉・レストラン・物産館・白神展望台・体験工房などを備えた複合観光施設です。施設内にはバリアフリートイレが完備されています。

住所／深浦町舮作鍋石 226-1
TEL／0173-75-2261
HP／http://www.wespa.jp/index.html

こちらも樹齢400年の「マザーツリー」に会いに行こう！

簡単な柵はありますが、直接木肌に触れられるのも魅力のひとつです。400年の歴史を肌で感じられます。

◆ワンポイントガイド
白神山地内にある天然ブナの巨木ということで、藤里町にある「四百年ブナ」と並んで有名です。白神ラインの津軽峠から南に数百m入ったところにあり、遊歩道も整備されているため車いすでも訪問できますが、道路はダート道（でこぼこの砂利道）であり、マザーツリーまでの遊歩道も幅が狭く傾斜があるため、介助者を伴っての観光が適しています。

住所／青森県中津軽郡西目屋村字鬼川辺国有林
TEL／0172-85-2522
（世界遺産センター「西目屋館」）
備考／駐車場近くの公衆トイレにバリアフリートイレあり。

日本一と称される！「鰺ヶ沢の夕日」を見に行こう！

夕日の時間帯は「鰺ヶ沢観光協会」のHPで確認できる。今話題のブサカワ犬「わさお」に会いに行くのもいい。
HP／http://www.ajigasawa.info／

Shiretoko

美しい知床連山の姿。バリアフリー高架木道を進みながら、知床の大自然に会いに行こう！

車いすで行く！日本の世界自然遺産③
知床半島

2005年7月に世界自然遺産に登録された知床半島は、シマフクロウやシレトコスミレ等の世界的な希少種やサケ科魚類、海棲哺乳類等の重要な生息地を有しています。流氷から始まる生命の環が創り出した世界にも類を見ない希少な動植物の楽園、知床を車いすで旅してみましょう！大自然が育んだ野生たちがあなたを待っています!!

◆知床のバリアフリー情報はここでチェック!!

知床バリアフリー旅行情報センター
知床のバリアフリー旅行に関する情報が満載!!
http://www.respite.jp/

東オホーツクシーニックバイウェイ
東オホーツク地方のバリアフリー情報が満載!!
http://www.scenic-okhotsk.com/

現地ネイチャーガイドの一言

知床国立公園内で自然ガイド事業を行っていますが、知床でも車いすの方や障がいをお持ちの方でも十分楽しめる自然散策コースはあります。海、森、山とそこに住む野生たちの生活ぶりなどを季節ごとにご紹介させていただきます。ご案内させていただくフィールドの状況などを、細かくご説明させていただきますので是非ご連絡をいただき、知床の大自然をネイチャーガイドと満喫しに来て下さい。お待ちしております。
知床ナチュラリスト協会（SINRA）岩山 直
TEL／0152-22-5522
FAX／0152-22-5524
HP／http://www.shinra.or.jp/
住所／斜里郡斜里町ウトロ東284

バリアフリー木道を散歩しながら「知床五湖」の大自然を満喫しよう！

バリアフリー高架木道を歩きながら、知床の大自然を感じてみよう。

バリアフリー高架木道にはところどころ傾斜もあるため、念のため付き添いが必要。

◆ワンポイントガイド

原生林に囲まれてたたずむ幻想的な5つの湖からなる知床五湖。ヒグマとの遭遇を避けるために設置された高架木道は、バリアフリー対応になっており、車いすでも知床五湖の美しい自然を楽しむことができます。2010年春には知床五湖の1湖までそのバリアフリー高架木道は延長されますので、より知床の大自然を楽しむことができるでしょう！。

利用期間／4月下旬〜11月下旬　7:30〜18:00（駐車場は18:30に閉鎖）
利用料金／施設利用・環境整備協力金として駐車場利用料金（普通車410円）が必要
備考／公衆トイレにバリアフリートイレあり。

まずは「知床自然センター」にて世界自然遺産知床について学ぼう！

知床自然センターの外観。

センター内にあるレストランもバリアフリー対応なので安心して利用できる。

◆ワンポイントガイド

知床自然センターは、知床の自然保護活動や情報発信をする拠点です。当センター内にある大型映像展示「ダイナビジョン」では、大空を羽ばたくワシの目になって知床の自然を空から見ることができる映像「四季知床」を上映しています。館内にはバリアフリー対応のレストランもありますので、知床観光の際にはごゆっくりとお立ち寄りください。

開館時間／夏期（4月20日〜10月20日）　8:00〜17:40　冬期（10月21日〜4月19日）　9:00〜16:00
入館料金／無料。ただし、大型映像展示ダイナビジョンは有料（大人500円、小中学生200円）
住所／斜里郡斜里町大字遠音別字岩宇別531番地　TEL／0152-24-2114（財団法人・知床財団）
HP／http://www.shiretoko.or.jp/　備考／館内にバリアフリートイレあり。

北方領土・国後島を一望できる「羅臼国後展望塔」へ行こう！

◆ワンポイントガイド

羅臼市街や羅臼岳を一望できるほか、眼下に広がる根室海峡を隔て、約30km先にある国後島の雄大な姿を眺望できる絶景のビューポイントです。展望塔の周辺には自然があふれていて、エゾジカに会えることもあります。展望台までは車いす用のリフト、室内にバリアフリートイレがありますので安心してお越しください。

館内からも雄大な羅臼の自然を眺めることができる。

展望塔内のバリアフリートイレ。

利用時間／4月〜10月　9:00〜17:00　11月〜1月　10:00〜15:00　2月〜3月　9:00〜16:00
定休日／毎週月曜日・年末年始（12月31日〜1月5日予定）　利用料金／無料
住所／目梨郡羅臼町礼文町32-1　TEL／0153-87-4560
備考／展望台へアクセス可能な車いす用リフトあり。館内にバリアフリートイレあり。

知床と流氷、二つの顔をもつ観光船「おーろら」に乗ろう！

流氷観光砕氷船「おーろら」からは、流氷とともにやってくるアザラシなどの海獣類や鳥類などが流氷の上でたたずむ姿を見ることもできます。

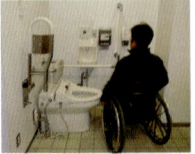

乗り場になっている道の駅「流氷街道網走」のバリアフリートイレ。専用のバリアフリートイレの他に、通常のトイレの中にもバリアフリー対応のトイレが男女それぞれ1ヶ所ずつあって使いやすい。

利用期間／
4月28日〜10月25日：知床観光船
1月20日〜3月31日：流氷観光砕氷船
乗船料金／知床観光船：
①知床岬航路（3時間45分コース）
　大人6500円、小学生3250円
②硫黄山航路（1時間30分コース）
　大人3100円、小学生1550円
流氷観光砕氷船：
　大人3300円、小学生1650円
住所／網走市南3条東4-5-1
　　　（道の駅「流氷街道網走」内）
TEL／0152-43-6000
HP／http://www.ms-aurora.com/abashiri/
備考／道の駅「流氷網走街道」にバリアフリートイレ、売店、レストランあり。

◆ワンポイントガイド
春・夏・秋は知床半島を外海から見渡せる知床観光船として、そして冬には網走の風物詩である流氷を観測する流氷観光砕氷船として大活躍する「おーろら」。新設された道の駅「流氷街道網走」を乗り場としており、乗り場からは船内と結ぶフラットなブリッジを利用するため車いすの方でも乗船することが可能です。

CAFÉ PATH
（カフェ・パス）
TEL／0152-28-2210
住所／斜里郡斜里町峰浜43-1
HP／http://www.cafepath.jp/
営業時間／11:00〜18:00
定休日は毎週木曜日
メニュー／パスタなどのランチメニューや、ケーキ・コーヒーなど。

知床のバリアフリーカフェ「CAFÉ PATH」でランチはいかが？

知床の現地ネイチャーガイドSINRA（知床ナチュラリスト協会）が2009年9月にオープンさせたバリアフリー対応のカフェ。美しい峰浜を眺めながら、おいしいランチやケーキが食べられます。

店内にあるバリアフリートイレ。

車いすでもそのまま入れるテーブルのため、ランチやコーヒーブレイクにぴったり！

バイキングが大好評なバリアフリー対応ホテル「知床第一ホテル」

知床第一ホテル

知床半島ウトロ地区において最もバリアフリー対応なホテル。バリアフリー対応の和洋室を6部屋と、手すりを完備したバリアフリー対応の貸切風呂が2ヵ所あり、旅行のプロが選ぶベスト100料理部門において3年連続北海道No.1を受賞した自慢のバイキングでは、約80種類のお食事が楽しむことができる。

広めの客室なので車いすでも問題なく動くことができる。

客室内のトイレはバリアフリー対応。

バリアフリー対応の貸切風呂の浴槽への手すり。

客室内の浴室にも手すりが完備されている。

ホテルインフォメーション
TEL／0152-24-2334　住所／斜里郡斜里町ウトロ香川306　HP／http://shiretoko-1.com/
宿泊料金／1泊2食8,850円〜（チェックイン15:00／チェックアウト10:00）
客室／バリアフリー対応の和洋室6部屋、その他グレード別に210部屋
施設／ロビーにバリアフリートイレあり。バリアフリー対応の貸切風呂2ヵ所あり。その他、売店・バーラウンジ・大浴場あり。

囚人体験を楽しみながら「博物館 網走監獄」で北海道開拓の歴史を学ぼう！

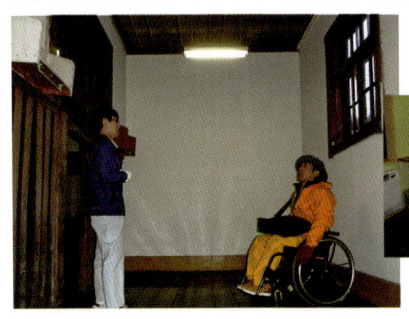

実際の牢獄の中にも入ることができます。これであなたも立派な囚人!?

施設内にはバリアフリートイレが完備。

◆ワンポイントガイド
実際に網走刑務所で使われていた獄舎や庁舎などを移築した、巨大な監獄ミュージアムです。山の斜面に作られているため坂を上り下りしながらの観光になりますので介助者の手助けが必要ですが、バリアフリートイレなどの設備は完備されています。オススメは実際の刑務所として使っていた食堂で食べることのできる「監獄食」や、現在の網走刑務所収容者が作った作業製品のお土産などです！

見学時間／夏期（4月～10月） 8:00～18:00 冬季（11月～3月） 9:00～17:00
入園料金／大人1050円、高校・大学生730円、小・中学生520円
住所／網走市呼人1-1　TEL／0152-45-2411　HP／http://www.kangoku.jp/
備考／ガイドツアーは事前に予約が必要となります。

本物の流氷にさわることができる「オホーツク流氷館」に行こう！

◆ワンポイントガイド
天都山山頂にある流氷をテーマにした科学館で、メインは本物の流氷を展示するマイナス18度の流氷体験室。網走の四季を紹介するハイビジョンシアターも迫力満点で、流氷の天使クリオネやフウセンウオなども飼育展示しています。屋上からの景色も素晴らしく、施設の3階には「展望レストラン流氷」があり、天都山の眺望を楽しみながらランチをすることができます。

一般の入口には階段があるため、スタッフが車いすの方専用の通路を案内してくれる。

マイナス18度の室内では、濡れたタオルが棒のように凍る「シバレ体験」が体感できる！

見学時間／夏期（4月～10月） 8:00～18:00 冬季（11月～3月） 9:00～16:30
入園料金／大人520円、高校生420円、小・中学生310円
住所／網走市天都山245-1　TEL／0152-43-5951　HP／http://ryuhyokan.com/

バリアフリー対応の回転寿司屋「月」にて旬の魚を味わう！

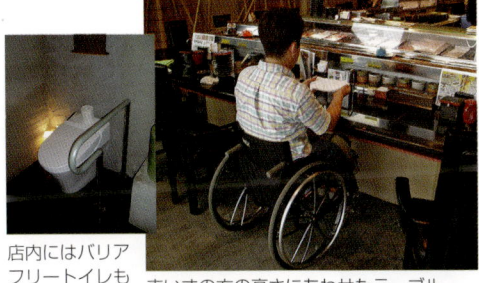

店内にはバリアフリートイレもあるので安心。

車いすの方の高さにあわせたテーブル。車いすのままで食べられる回転寿司屋は初めてです！

車いすツーリスト 佐藤の一言

地元でもおいしくて有名な回転寿司屋さん。外見は黒塗りの壁で、見た目は回転寿司屋さんには見えませんが、中に入ると内装がとてもお洒落でびっくりしました。トイレの廊下もスケルトンになっていて、お洒落だな～と思って中に入るとトイレがバリアフリー対応になっていて、こりゃまたびっくり。お寿司の味はさすが北海道、間違いありません。回転寿司とは思えないレベルの数々。何を食べても美味しかったです。自分の近所にあったらいいなと思わせるお店でした。

TEL／0152-45-3333　住所／網走市駒場北5-83-27　営業時間／11:00～22:00　定休日は要確認

「標津サーモン科学館」でサケの生態から文化までを学ぼう!

館内には話題のドクターフィッシュコーナーや、チョウザメにさわれる水槽などもある。

◆ワンポイントガイド
標津サーモン科学館は、世界に生息しているサケの仲間18種30種類以上を展示しており、サケ科魚類展示数は国内で一番多い施設です。9月〜10月には標津川に回帰したサケやマスの遡上も観察できます。

館内にあるバリアフリートイレ。

開館時間／2月1日〜11月30日　9:30〜17:00(最終入館は16:30)
休館日／12月1日〜1月31日、毎週水曜日休館(ただし、5月〜10月は除く)
入館料金／一般610円、70歳以上500円、高校生400円、小・中学生200円
住所／標津郡標津町北1条西6丁目1番1-1号
TEL／0153-82-1141　HP／http://www.shibetsutown.jp/salmon
備考／施設の隣に売店とレストランあり。館外の公衆トイレにもバリアフリートイレあり。

ユニバーサルデザインのペンション「風曜日」に泊まろう!

ピュアフィールド風曜日

神秘の湖「摩周湖」に一番近く、周りは広大な牧草地に囲まれたプチホテル。日本でも類例がないユニバーサルデザインのホテルで、高齢者や体の不自由な方でも、どなたでも安心して宿泊できる人に優しい造りです。道東の中心部に位置し、釧路・根室・網走・知床などへは、車で約2時間、道東観光の拠点としてご利用下さい。

ピュアフィールド風曜日オーナー　三木

ベッドはセミダブル。

客室内のトイレ。

ホテル所有のリフト付きマイクロバス。

大浴場にはシャワーキャリーや水圧式リフトを設置。

ホテルインフォメーション
TEL／015-482-7111　住所／川上郡弟子屈町原野419-64
HP／http://www.aurens.or.jp/hp/kaze/
宿泊料金／1泊7,350円〜
(チェックイン15:00／チェックアウト10:00)
客室／全15部屋、全ての客室がユニバーサルデザイン仕様。
施設／視覚障害や聴覚障害の方のためのサポート装置、電動ベッド、ベッド用のリフト、入浴リフト付きの大浴場、バリアフリーカラオケルーム、アウトドア用車いす、車いす4台収容のリフト付きマイクロバスあり。
備考／東京都障害者休養ホーム事業指定宿泊施設
(問い合わせは「日本チャリティー協会」TEL／03-3341-0803)

風曜日の紹介で釧路川をカヌーで下っちゃいました!!

カヌー内に設置した座位のとりやすいイスを利用。乗り降りはサポートしてくれる。

釧路川をゆっくりのんびり下っていきます。ガイドと一緒にカヌーに乗るので安心。

◆カヌーに乗りたい方は風曜日に連絡してみよう!!
その他、風曜日ではパークゴルフや星空観測ツアーなどのご案内もしています。2009年4月には「弟子屈町をユニバーサルデザインの観光地にしよう!」と地元住民が集まり、「弟子屈ユニバーサルデザインプラザ」が設立されました。まずは風曜日に気軽に相談してみよう!!

Yaeyama

八重山諸島を代表する景勝地「川平湾(かびら)」。ここから眺める海はとにかく"美しい"の一言。天気が曇りだったのが唯一惜しまれる点です。詳細は33ページへ。

世界自然遺産の登録なるか!?
「八重山諸島」を旅しよう!

2003年に環境省の検討会において世界自然遺産の登録基準を満たす可能性が高いとされており、今後の条件が整えば暫定リストに記載される見通しがある八重山諸島。平均気温23℃の南国は一年中通して気軽に遊ぶことができる。ここでは、その八重山諸島の中で特にバリアフリー対応がされている石垣島、西表島、由布島、竹富島をご紹介しましょう!

車いすツーリスト 佐藤の一言

バリアフリー旅行を運営している観光会社、「平田観光」の協力の下、車いすで南国を楽しんできちゃいました!いろんな島を観光してみて、私個人的には竹富島が一番のお気に入りの島になりました。集落全体に近代的な建物が一切なく、木造赤瓦の沖縄古来の姿を保っていて、まるでタイムスリップしたみたいです。カイジ浜では星砂を拾うことができるのですが、私は見つけるのが下手でした。もう一度、竹富島を一日中のんびり満喫したいです。

第1章 車いすで楽しむ日本の世界自然遺産

八重山諸島 バリアフリーマップ

西表島から水牛車に乗って渡る由布島。 
詳細は**35P**へ

イリオモテヤマネコの目撃情報が多いため、「ネコ注意」の文字が道路上にある!
詳細は**34P**へ

詳細は**33P**へ

川平湾
詳細は**33P**へ

西表石垣国立公園

星の砂キャンプ場
上原港
鳩間島
野底岳
安良岳

西表サンクチュアリ リゾートニラカナイ
詳細は**36P**へ

外離島
内離島
テドウ山
古見岳
小浜島
加屋真島
八重山動植物村
屋良部岳
於茂登岳
川平湾
石垣島

石垣やいま村
名蔵湾
バンナ公園
詳細は**33P**へ

船浮集落
秘境の中にあるジャングル地帯を思わせる船浮集落。
詳細は**34P**へ

西表島
御座岳
仲良川
仲間川
遊覧船乗り場
由布島
サキシマスオウノキの観察
竹富町役場
唐人墓
石垣市
ホテル日航八重山
石垣空港
ANAインターコンチネンタル石垣リゾート
石垣港ターミナル
ホテルイーストチャイナシー

大原港
竹富町
竹富港
竹富島
ガーデンあさひ
カイジ浜(星砂の浜)

詳細は**34P**へ
詳細は**35P**へ
詳細は**36P**へ

新城島
黒島

離島間を運航する連絡船もバリアフリーだから安心!

石垣島を拠点として、各離島へ移動する際は連絡船を利用します。連絡船の業者は何社かありますが、バリアフリー八重山ツアーをサポートする平田観光がご案内しているのは、八重山観光フェリーとなります。順次バリアフリーの船を増やしている状況ですので、まだ全ての船が完全にバリアフリー対応とはいえませんが、その場合は船員が乗り降りのサポートをさせていただきますのでご安心ください。船がバリアフリー対応かどうかは平田観光までお気軽にお問い合わせください。

詳細は**36P**へ

◆各島の乗船時間と航路距離
- 石垣港〜竹富港(竹富島):約10分、6.5km
- 石垣港〜大原港(西表島南部):約40分、31.4km
- 石垣港〜上原港(西表島北部):約40分、38.7km

※表記の乗船時間は高速船を使った場合の乗船時間となります。

船内への入口には、ほぼフラットのスロープが設置される。

バリアフリー対応の連絡船の船内。車いす用のスペースには隣に手すりもあって安心。

バリアフリー対応の連絡船のバリアフリートイレ。心配だった船旅もこれで大丈夫。

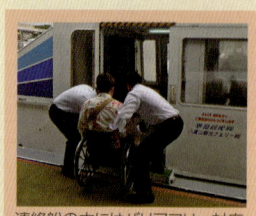
連絡船の中にはバリアフリー対応でない船もあるが、その際は船員が乗り降りのサポートをします。

八重山諸島の観光拠点
「石垣島」のオススメ観光地！

石垣空港があり八重山諸島の観光拠点となっている石垣島。八重山諸島でバリアフリー旅行を運営している平田観光もここ石垣島に拠点を置いています。平田観光の大型リフト付きバスで旅した観光地を紹介しましょう！

国の登録有形文化財である「石垣やいま村」で昔にタイムスリップ！

2007年に国の有形文化財に登録された築約100年の「森田邸」を、当時の服装をしたスタッフに案内してもらった。

園内名物のリスザル。

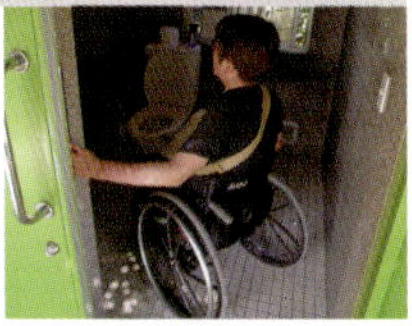

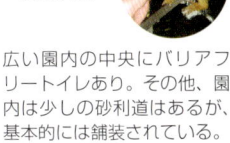

広い園内の中央にバリアフリートイレあり。その他、園内は少しの砂利道はあるが、基本的には舗装されている。

◆**石垣やいま村**（旧・八重山民俗園）
石垣やいま村は石垣島の名勝「名蔵湾」を一望する丘にあり、豊かな自然を背景に旧き良き八重山の家並みを再現したテーマパークです。市内から移築した築80年以上の赤瓦の民家からは三線の音色が響き、琉球衣装体験、民具作り、シーサー絵付けなどの体験メニューも充実しています。

```
住所／沖縄県石垣市字名蔵967-1
ＴＥＬ／0980-82-8798
ＨＰ／http://www.minzokuen.com/
営業時間／9:00～17:30（受付は17:00まで）
入村料／大人840円、小人420円
備考／バリアフリートイレ1ヵ所あり。レストランも
　　　フラットな造りでバリアフリー対応。
```

日本の最南端の夜景遺産「バンナ展望台」へ行こう！

標高約231mのバンナ岳は山全体が森林公園になっており、竹富島や石垣島の市街地を中心とした島の80％を見渡すことができる展望台があります。夜には美しい市街地の夜景と満点の星空があなたを包みます。展望台は何ヵ所かあり、バリアフリートイレがあるのは「エメラルドの海を見る展望台」です。

よくポスターや絵葉書に出てくる景勝地「川平湾（かびら）」へ行こう！

空が曇っていてもこんなに美しいエメラルドグリーンに見えるなんて驚きです。時間の流れと共に海の表情も変わっていくようで、眺めていると何とも不思議な気持ちになる。

川平湾を見渡せる高台までは、川平湾公園内の遊歩道を上がっていきます。遊歩道は舗装されていますが、柵がない坂道なので移動には注意が必要。介助者がいれば特に問題はない。

◆**ワンポイントガイド**
黒真珠のふるさと川平湾は、光の加減によって7色に変化するといわれている八重山きっての景勝地であり、日本百景にも選ばれている石垣島のメイン観光スポット。この川平湾を中心とした石垣島周辺には、約360種類の珊瑚が生息していて、その多さは世界トップクラスと発表されており、この海域の美しさを証明しています。

備考／駐車場は通年無料（2010年4月現在）
駐車場の公衆トイレにバリアフリートイレあり。

忘れてはいけない、小さな「唐人墓」が物語る悲劇の歴史

1852年、奴隷貿易が行われていた頃、カリフォルニアへ送られる途中に逃げ出した約400人の中国人労働者が、米英の追手による銃撃を受けたり、病死や自殺で次々に倒れたりしました。
それを見た島民や王府が彼らを保護し祭ったお墓が唐人墓です。駐車場や見学通路が広くて見学しやすく、バリアフリートイレもあります。

特別天然記念物イリオモテヤマネコの故郷「西表島」で大冒険！

八重山諸島で最大の島であり、何と島の面積の約90％が亜熱帯の自然林で覆われている。まさにジャングルの島。有名なイリオモテヤマネコ以外にも、特別天然記念物のカンムリワシなども生息しており、島の面積の多くが希少な野生鳥獣の保護区域になっている。こんなジャングルの島にもリフト付きバスが運行していますので、車いすでも存分に大自然の冒険を楽しむことができる。

仲間川を船で遊覧し、日本最大級の「サキシマスオウ」に会いに行こう！

仲間川遊覧ボードのスタッフが乗り降りを手伝ってくれる。車いすのまま持ち運んでくれるが、電動車いすの方は事前に手動車いすに乗り替えるのが望ましい。

樹齢は約400年、国の天然記念物に指定されている日本最大級のサキシマスオウ。船を降りて目の前まで木道が続いているので、車いすでもアクセス可能だが、雨が降ると滑りやすいので注意が必要。

西表島の裏側、奥西表にある「船浮(ふなうき)」でさらなる冒険をしちゃおう!!

船浮は西表島の最も西側に位置する船浮湾の奥にある集落で、この部落へは陸路はなく、文字通り"陸の孤島"です。イリオモテヤマネコが初めて発見された集落とされており、島内には旧日本軍の壕跡や琉球真珠の養殖所があり、島の反対側にはイダの浜という名の美しいビーチがあります。この島では「船浮観光」が車いすの方でも亜熱帯の大自然へ案内してくれます！

真っ青な海上から眺める船浮集落の姿。

陸の孤島である船浮集落へは、車いすを固定できる船浮観光の観光船「ちむどんどん号」に乗っていく。

新設された船浮港にあるバリアフリートイレ。

船浮集落に入る前に、マングローブの森を抜けたところに流れる「水落の滝」を見学！

レストランでいただく郷土料理のランチ。自然な味付けで食べやすく、とてもおいしい!!

琉球真珠の養殖所。入口にスロープあり。

亜熱帯の植物に囲まれる散策路。まるでジャングルを歩いているかのよう。

旧日本軍の壕跡。トンネルの中は戦争の歴史を静かに伝え、神秘的な空間となっている。

水牛車に乗って西表島から「由布島(ゆぶじま)」へ行こう！

西表島に隣接する由布島は周囲約2km、島全体が亜熱帯の樹木や花々でにぎわっています。島を行き来する移動手段として利用する水牛車にも車いすのまま乗ることができるんです！

実はこの水牛車、車いすの幅に合わせて造り直した新型なんです！ 今まで多くの車いすの方を案内した実績が成せる工夫です。西表島と由布島との間は約400m。水牛車の旅が始まります。

現地スタッフがあなたを水牛車の中へ車いすのまま持ち運んでくれる。電動車いすの方は事前に手動車いすに乗り替える必要がある。

島内のバリアフリートイレ。

沖縄の古き良き町並みを残す「竹富島」でのんび〜り♪

白砂の道、赤瓦の屋根、石垣とブーゲンビリア、そして青と白のコントラストが美しい遠浅の海。沖縄の古き良き町並みを残す竹富島。ここにもリフト付きバスがありますので、車いすでも安心して島内観光を楽しむことが可能です。また、水牛車に乗ってのんびり観光するのもオススメですよ〜。

潮流が早いため遊泳禁止である「カイジ浜」は星砂を拾うことができることから、別名「星砂の浜」と呼ばれている。

伝統的建造物群保存地区に指定されている町並みは映画のロケ地に使われたこともあるほど、沖縄の美しい原風景を私たちに見せてくれます。

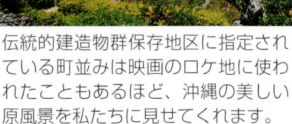

周囲約9kmの小さな竹富島にもリフト付きバスが運行しています。ドライバーである島民のケンさんが優しく丁寧に島内を案内してくれます。

竹富島でバリアフリーなレストラン「ガーデンあさひ」はいかが？

南国の雰囲気たっぷりの外観から中に入ると、車いすでもアクセスしやすいフラットな店内へ！

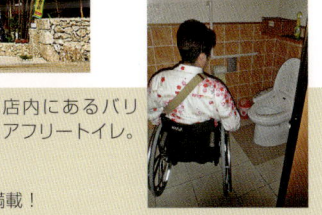

店内にあるバリアフリートイレ。

ガーデンあさひ
TEL／0980-85-2388　住所／竹富町字竹富163-1
営業時間／11:00〜15:00、18:00〜22:00（定休日は要確認）
メニュー／ソーキそばやゴーヤチャンプルーなどの沖縄家庭料理が満載！

第1章 車いすで楽しむ日本の世界自然遺産

バリアフリーな八重山諸島へご案内します!!

平田観光

日本最南端に位置する八重山諸島。エメラルドグリーンの海に浮かぶ大小19の個性溢れる島々の玄関口とされている石垣島で、「全てのお客様に快適なサービスと最高の思い出づくりのパートナーとして、日々楽しい旅を提案すること」を目標とし、2003年にバリアフリーツアープロジェクトチームを発足させてから、今まで多くの車いすの方たちに八重山諸島を楽しんで頂きました。八重山諸島へお越しの際は、ぜひ私たちに声をかけてください。みなさまのご来島を心よりお待ちしております!

自社で大型のリフト付きバスを保有していますので、個人から団体まで幅広く対応可能です。車いすのサポートについても心得ていますので、バリアフリーツアーは私たちにお任せください。

TEL／0980-82-6711
FAX／0980-83-2511
HP／http://www.hirata-group.co.jp/
営業時間／7:00〜20:00
住所／石垣市美崎町1番地　石垣港離島ターミナル内
備考／「安心サポート！バリアフリースタッフ」を合言葉に、ホームヘルパー2級取得者2名・サービス介助士2級取得者15名(平成20年1月現在)のスタッフがあなたの旅をお手伝いします!

新しくなった石垣港ターミナルにはバリアフリートイレも完備。

平田観光では車いすの方の専用窓口を設け、バリアフリー担当スタッフが親切丁寧に八重山諸島のバリアフリーツアーをご紹介しています。

◆平田観光のHPをぜひ見てください！
バリアフリー対応施設リストの紹介など、八重山諸島のバリアフリー情報なら私たちのHPにお任せください!!　分からない点などあればお気軽にご連絡くださいね〜♪
平田観光HP／http://www.hirata-group.co.jp/

八重山諸島のバリアフリーホテル紹介

【石垣島】ホテルイーストチャイナシー

石垣港ターミナルへ歩いて行けるほどすぐ近くにあり、非常にアクセスが良く使いやすいホテル。

客室内のバリアフリートイレ。浴室にも手すり完備。

客室内は広くて使いやすい。

ホテルインフォメーション
TEL／0980-88-1155　住所／石垣市美崎町2-8
HP／http://www.eastchinasea.jp/
宿泊料金／バリアフリールーム：1泊朝食付12000円〜　(チェックイン15:00／チェックアウト11:00)
客室／バリアフリールーム1部屋、その他の洋室74部屋(グレード別)、和室5部屋
施設／ロビーにバリアフリートイレ1ヵ所あり。その他、レストランあり。

八重山諸島のバリアフリーホテル紹介

【西表島】西表サンクチュアリーリゾートニラカナイ

1階の客室を全てバリアフリー対応にした大型リゾートホテル。ホテル目の前の「月ヶ浜」の夕日もオススメ。

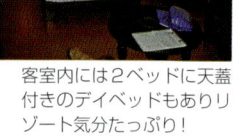

客室内には2ベッドに天蓋付きのデイベッドもありリゾート気分たっぷり！

客室内のバリアフリートイレ。浴室には手すりも完備。

ホテルインフォメーション
TEL／0980-85-7111　住所／竹富町字上原2-2
HP／http://www.nanseirakuen.com/iriomoteisland/nirakanai/
宿泊料金／バリアフリールーム：1泊朝食付き19425円〜　(チェックイン15:00／チェックアウト11:00)
客室／バリアフリールーム22部屋、洋室119部屋(グレード別)
施設／ロビーにバリアフリートイレ1ヵ所あり。その他、売店・レストラン・プールあり。

Ogasawara

島の高台から眺める小笠原諸島の豊かな海。
その美しい青色にはただただ息をのむばかりだ。

世界自然遺産推薦地「小笠原諸島」にだって行ける!

おがさわら丸に乗って約25時間30分の船旅で小笠原諸島へ到着!!

おがさわら丸

小笠原諸島へ行く唯一の手段である「おがさわら丸」。乗り降りの際は船員が手伝ってくれますが、約25時間30分を過ごす船内には階段などが多く、車いすでは不自由な点もあるかと思います。船内にはバリアフリートイレはありますが、バリアフリールームなどはありません。利用の際は必ず小笠原海運(株) TEL／03-3451-5171へ連絡し、事前にこちらの障害の状況を伝え、協力態勢をつくってもらってから出発しましょう!

船内のバリアフリートイレ

2010年1月に日本政府からユネスコに世界自然遺産候補地として正式に推薦され、2011年7月を目標に世界自然遺産の登録を目指している小笠原諸島。東京から何と南へ1000kmも離れた海に浮かぶ日本で最も南に位置する楽園にも、サポートが整えば車いすで行くことができます。ここでは、2007年3月に小笠原諸島で行われた初めてのバリアフリーツアーの模様を紹介します。

第1章 車いすで楽しむ日本の世界自然遺産

小笠原諸島・父島の中心地「大村地区」
バリアフリートイレマップ

詳細は **40P**へ ― バリアフリートイレあり

詳細は **40P**へ ― バリアフリートイレあり

入口にスロープのあるレストラン

小笠原小・中学校
小中学校バス停
大神山神社
小笠原海洋センター・長崎展望台・小港海岸方面
東町
支庁舎
チャーリーブラウン
船客待合所バス停
大村トンネル
ははじま丸待合所
警察署
青灯台入口バス停
村営バス営業所
小笠原村観光協会
ボニーナ
船客待合所観光案内所
郵便局
西町
村役場
おがさわら丸乗り場
ババスアイランドリゾート
二見港
聖ジョージ教会
大神山公園(お祭り広場)
青灯台
三日月山展望台(ウェザーステーション)
ビジターセンター
大村海岸
小笠原村情報センター
N
この先海上自衛隊基地機構内のため入れません
大村地区

小笠原村情報センターは小笠原村の施設。館内にはバリアフリートイレやインターネットが利用できる設備が整っている。

詳細は **39P**へ

入口にスロープのあるレストラン

各公衆トイレにバリアフリートイレあり

二見港の客船ターミナルにあるバリアフリートイレ。

三日月山展望台
詳細は **39P**へ

宮之浜
釣浜
ワシントンビーチ
長崎
三日月山
警察署
長崎展望台
村役場
小笠原海洋センター
二見港
東島
境浦
初寝浦
人工衛星観測所
初寝山
野羊山
振分山
扇浦
中央山
箱浜
須崎
小港
時雨山
赤旗山
小港海岸
躑躅山
鳥山
ブタ海岸
常世の滝
鯨崎
ジョンビーチ
高山
衝立山
巽湾
千尋岩
天之浦山
巽島
南崎
円縁湾
天之浦
南島

詳細は **39P**へ

38

まずは「小笠原ビジターセンター」で小笠原のことを知ろう!

ここにしかいない動植物や小笠原のことを勉強するため、まずはビジターセンターに行ってみよう!

館内のバリアフリートイレ。ビジターセンターには館外と館内にそれぞれバリアフリートイレが1ヵ所ずつ設置されている。館内の方が新しく、オストメイト向けの洗浄機もある。

TEL／04998-2-3001
開館時間／8:30～17:00（期間によっては夜間も開館）　料金／入館無料
休館日／おがさわら丸の父島出港中（期間によっては出港中も開館）
住所／小笠原村父島字西町　　施設／館外と館内にそれぞれバリアフリートイレ1ヵ所ずつあり。

ウミガメに会いに「小笠原海洋センター」へ行こう!

水槽で泳ぐウミガメを間近に観察することができる。

ウミガメの子どもと一緒に記念撮影!

◆ワンポイントガイド
地元では「カメセンター」の愛称で親しまれる小笠原海洋センターは1982年に開設してから、アオウミガメやアカウミガメ、ザトウクジラなどの海洋生物の生態を調査、保護しています。施設内では水槽にいるウミガメたちを間近に眺めることができます。また、子ガメの里親も募集しています。バリアフリートイレはありませんので、事前にお手洗いを済ませてからお越しください。

TEL／04998-2-2830　　FAX／04998-2-3258　　HP／http://bonin-ocean.net/
開館時間／9:00～12:00、13:30～16:00　料金／入館無料　休館日／無休
住所／小笠原村父島屏風谷　　施設／一般トイレのみ。オリジナルグッズを販売する売店あり。

「三日月山展望台」でザトウクジラが見えるかも!

車いす利用者の視線の高さに配慮した車いすマークのある展望窓から広大な海を眺めよう!
夕日の名所にもなっており、12月下旬～4月のザトウクジラシーズンには、ここからホエールウォッチングができます!! 和式のトイレしかないため、事前にお手洗いを済ませてから遊びに行こう。

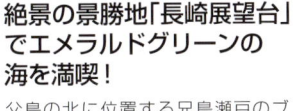

絶景の景勝地「長崎展望台」でエメラルドグリーンの海を満喫!

父島の北に位置する兄島瀬戸のブルーが美しく映える絶景の景勝地。海面の様子から潮の流れが非常に速いことが分かる。展望台にはトイレがないため、事前にお手洗いを済ませてから遊びに行こう。

小笠原諸島・父島での移動はどうすればいいの?

小笠原諸島の父島には村営バスがだいたい1時間に1便の割合で走っており、時間帯によってはリフト付きバスもあります。時刻表や路線などは観光協会などでご確認ください。また、観光タクシーなら小笠原観光（旧：父島タクシー）TEL／04998-2-3311へお任せください!

小笠原諸島・父島のバリアフリーホテル紹介

パパスアイランドリゾート

スタッフの明るさと料理が自慢のホテルです。常に宿泊客の快適さを第一に考え、ここで紹介している小笠原バリアフリーツアーで訪れた車いすの方たちのためだけに、泊まったその日にスロープを新設してくれたのです。バリアフリートイレなどはありませんが、できる限りの対応を心がけています。

車いすの方が泊まるのにあわせて新設されたスロープ。

最大5名まで泊まれるファミリールームの内観。

自慢の夕食。小笠原ならではの「島寿司」がオススメ！

ホテルインフォメーション
TEL／04998-2-2373　住所／小笠原村父島西町　HP／http://papasir.com/ir
宿泊料金／1泊朝食付8400円〜　（チェックイン11:30／チェックアウト10:00）
客室／ファミリールーム6部屋、ツインルーム4部屋。

車いすの皆さん、ぜひ小笠原諸島へお越しください!!

小笠原村観光協会／小笠原ツアーデスク

小笠原ツアーデスクは、ご旅行の企画・手配から現地でのご案内まで、みなさまの小笠原旅行をフルサポートさせて頂く、小笠原総合手配センターです。スタッフは全員小笠原在住の観光協会職員なので、島内の最新情報も豊富です。さらに、介護資格を保有しているスタッフも常駐しておりますので、ハンディキャップをおもちのお客さまでも安心して小笠原の大自然を満喫して頂けます。「小笠原に行ってみたい」と思ったら、先ずは小笠原ツアーデスクにお問い合わせを。そこから、あなたの夢の実現が始まります。

　　　　　　小笠原ツアーデスク　根岸康弘

車いすの皆さん、私たちがしっかりとサポートしますので小笠原諸島へ安心してお出かけください！

目印は大きなクジラとイルカの壁画です。館内にはバリアフリートイレもあります。

TEL／04998-2-2187　FAX／04998-2-3555　HP／http://www.e-ogasawara.com/
住所／小笠原村父島字東町　備考／小笠原ツアーデスクは、小笠原村観光協会の施設「Ｂ－しっぷ」内にあります。
小笠原村観光協会ＨＰ／http://www.ogasawaramura.com/

小笠原諸島の父島だけでなく「母島」へも行ってみよう！

母島は父島から距離にして50km。約2時間10分の船旅からはザトウクジラの回遊が見られることも！

「ロース記念館」で母島のことを知ろう！
ロース石で造られた郷土資料館。明治時代の見事なタコノ葉細工品などが展示されている。

「脇浜なぎさ公園」で島時間を満喫！

近くの公衆トイレにバリアフリートイレがある。海を眺めながらお弁当を食べるのがオススメ！

小笠原母島観光協会
TEL／04998-3-2300
HP／http://www.hahajima.com/

◆ワンポイントガイド
地球上でここにしか生息しないハハジマメグロの住む母島は、亜熱帯の高木林が繁る緑濃い静かな島です。島内には公共交通機関がないため徒歩での観光になりますが、父島からははじま丸を利用して日帰り観光もできます。小笠原村観光協会の窓口がご予約のお手伝いをします。

車いすで行く
日本の世界自然遺産
交通ガイド

屋久島への行き方

東京方面から

✈ ・羽田空港⇒鹿児島空港　　　【日本航空・全日本空輸が運航】　約1時間35分
　　鹿児島空港⇒屋久島空港　　【日本エアコミューターが運航】　約30分

✈ 🚢 ・羽田空港⇒鹿児島空港　　　【日本航空・全日本空輸が運航】　約1時間35分
　　鹿児島空港⇒鹿児島港　　　　空港リムジンバスに乗って、金生町バス停まで約50分
　　　　　　　　　　　　　　　金生町バス停から、タクシーに乗って約5分
　　鹿児島港⇒屋久島・宮之浦港　【高速船トッピーが運航】　約2時間30分

大阪方面から

✈ ・大阪伊丹空港⇒鹿児島空港　【日本航空・全日本空輸が運航】　約1時間10分
　　鹿児島空港⇒屋久島空港　　【日本エアコミューターが運航】　約30分

✈ 🚢 ・大阪伊丹空港⇒鹿児島空港　【日本航空・全日本空輸が運航】　約1時間10分
　　鹿児島空港⇒鹿児島港　　　　空港リムジンバスに乗って、金生町バス停まで約50分
　　　　　　　　　　　　　　　金生町バス停から、タクシーに乗って約5分
　　鹿児島港⇒屋久島・宮之浦港　【高速船トッピーが運航】　約2時間30分

白神山地藤里地区への行き方

東京方面から

- ✈ ・羽田空港 ⇒ 秋田空港　　　　【日本航空と全日本空輸が運航】　　約1時間10分
　　　　秋田空港から「ホテルゆとりあ藤里」まで車で約2時間
　　・羽田空港 ⇒ 大館能代空港　　【全日本空輸が運航】　　　　　　　約1時間10分
　　　　大館能代空港から「ホテルゆとりあ藤里」まで車で約45分
- 🚆 ・東京駅 ⇒ 秋田駅　　　　　　【新幹線利用】　　　　　　　　　　約4時間
　　　　秋田駅から「ホテルゆとりあ藤里」まで車で約2時間

大阪方面から

- ✈ ・大阪伊丹空港 ⇒ 秋田空港　　　【全日本空輸が運航】　　　　　　　約1時間20分
　　　　秋田空港から「ホテルゆとりあ藤里」まで車で約2時間
　　・大阪伊丹空港 ⇒ 大館能代空港　【全日本空輸が運航】　　　　　　　約1時間25分
　　　　大館能代空港から「ホテルゆとりあ藤里」まで車で約45分

白神山地十二湖地区への行き方

東京方面から

- ✈ ・羽田空港 ⇒ 秋田空港　　　　【日本航空と全日本空輸が運航】　　約1時間10分
　　　　秋田空港から「アオーネ白神十二湖」まで車で約2時間
　　・羽田空港 ⇒ 大館能代空港　　【全日本空輸が運航】　　　　　　　約1時間10分
　　　　大館能代空港から「アオーネ白神十二湖」まで車で約1時間30分
- 🚆 ・東京駅 ⇒ 秋田駅　　　　　　【新幹線利用】　　　　　　　　　　約4時間
　　　　秋田駅から「アオーネ白神十二湖」まで車で約2時間30分

大阪方面から

- ✈ ・大阪伊丹空港 ⇒ 秋田空港　　　【全日本空輸が運航】　　　　　　　約1時間20分
　　　　秋田空港から「アオーネ白神十二湖」まで車で約2時間
　　・大阪伊丹空港 ⇒ 大館能代空港　【全日本空輸が運航】　　　　　　　約1時間25分
　　　　大館能代空港から「アオーネ白神十二湖」まで車で約1時間30分

知床への行き方

東京方面から

- ✈ ・羽田空港 ⇒ 女満別空港　　【日本航空・全日本空輸が運航】　　約１時間45分
  女満別空港から「知床ウトロ地区」まで車で約２時間（空港リムジンバスあり）

大阪（名古屋）方面から

- ✈ ・中部国際空港 ⇒ 女満別空港　　【全日本空輸が運航】　　約２時間
  女満別空港から「知床ウトロ地区」まで車で約２時間（空港リムジンバスあり）

八重山諸島への行き方

東京方面から

- ✈ ・羽田空港 ⇒ 石垣空港　　【日本トランスオーシャン航空が運航】　　直行便で約３時間30分
  ・羽田空港 ⇒ 那覇空港　　【日本航空と全日本空輸が運航】　　約２時間10分
  　那覇空港 ⇒ 石垣空港　　【日本トランスオーシャン航空が運航】　　約１時間

大阪方面から

- ✈ ・大阪伊丹空港／関西国際空港 ⇒ 那覇空港　　【日本航空と全日本空輸が運航】　　約１時間20分
  　那覇空港 ⇒ 石垣空港　　【日本トランスオーシャン航空が運航】　　約１時間

小笠原諸島への行き方

東京方面から

- 🚢 ・竹芝客船ターミナル ⇒ 父島・二見港　【小笠原海運が運航】　　約25時間30分
  ※月によって４回〜８回運航

車いすツーリスト 佐藤の挑戦！
ホノルルマラソン完走への道のり

　私は人生で三十何年間、国内旅行すらほとんど行くこともなく、飛行機も乗ったこともなく、もちろん海外旅行なんて全く考えていませんでした。こんな私が、なぜホノルルマラソンに出会ったのか。

　きっかけは15年前に知り合った知人から、2003年に「ホノルルマラソンレースデイウォーク10kmをみんなで楽しく歩こうというツアーをやるから、何も心配しなくてもいいし、楽しいからとにかく一緒にハワイに行こう」と声をかけて頂き、参加したことが始まりです。

　日本語が通じて、歩道と車道がフラットで、お店の接客対応が平等でスマート、建物が車いすの人には優しくできていて、誰もがフレンドリーな人たち。何より車いすの僕が動きやすいハワイの、とりこになってしまいました。

　そんなわけで翌年からは友達を誘い、1年に1回の自分へのご褒美として毎年、ホノルルマラソンレースデイウォーク10kmツアーに参加することにしました。しかし、4年目ぐらいに10kmのウォークに少し物足りなさを感じるようになりました。ホノルルマラソンの参加者の中には、フルマラソン未経験者や片足義足の人、かなり年配の現地の方たちが参加しているという話を聞きました。何がそこまで彼らを駆り立てるのだろう。自分は夢もなく、何かにチャレンジすることすら忘れているのか、避けているのか、日々の生活に流されているのでは……と思い、そんな自分が恥ずかしくなり、「今、自分にできることって何だろう。これからできなくなることって何だろう」と考えたときに、今がホノルルマラソンのフルマラソン完走にチャレンジする時だと思いました。

残りのこれからの人生に、「あの時やっておけばよかった」と後悔はしたくないという思いが強く、これを機に一つでも「何か誇れる自分になりたい」、「自分は変わりたい」と思ったのです。ホノルルマラソンは参加者全員がゴールするまで応援の人たちがゴールで待っていてくれるという話を聞き、経験のない私を励ましてくれるような気もしました。

　いざ参加するにあたり、競技用の車いす選手ならともかく、そもそも私のような普通の車いす利用者が参加することが可能なのか、そんなツアーはあるのだろうかと不安だらけでした。とりあえず2005年からお世話になっていたバリアフリー旅行会社のスタッフ（今は研究チームの一員である吉岡隆幸）に相談したところ、「面白いですね。一緒に完走しましょう。僕が企画を全面的にバックアップします！」という何とも嬉しい二つ返事をいただいたのです。こうして、私の夢「ホノルルマラソンへの挑戦」の第一歩を踏み出しました。彼には感謝感謝の気持ちでいっぱいです。彼なしでは、私の夢は実現しませんでした。

　ここで、私個人の紹介を少しさせてもらいます。

　私は、先天性ミオパチーという体の遠い場所から筋肉が駄目になる病気が原因で車いす生活になりました。私の場合は下半身から症状が出て、幼少の頃からかけっこや飛ぶことは上手くできませんでした。高校を卒業後、調理師として働いている22歳から23歳頃、徐々に歩くバランスをとりづらくなり、立っている際に踏ん張りがきかなくなり、何にもないところでも転びやすくなりました。やがて病状が進行して現在に至っています。病院の先生には、体に負担がかかることや過度の運動は筋肉に良くないので避けるようにと言われていますが、私は今回の挑戦を諦めることはできませんでした。

　私がホノルルマラソンに挑戦した2007年は、第35回記念大会で、総参加者

数 27,829 名 (内日本人 17,056 名)、そのうちレースデイウォークの総参加者数は 4,170 名 (内日本人 3,332 名)、普通の車いすでフルマラソンに参加したのは私だけでした。35 年の歴史上、普通の車いすでフルマラソンに参加した前例はないとも伺いました。

　スタート地点はアラモアナ公園前。スタート時間は早朝 5 時、まだ夜が明けぬ暗闇の中です。当日はあいにくの雨が降ったりやんだり。少しの緊張と不安を抱くなか、スタートの合図である花火が打ち上げられました。スタートの美しい狼煙を見上げながら、まずはスタートラインまで走るのですが、3 万人近い人だかりでは、スタートラインですらまだ先の先です。そんななか、競技用車いすに乗ったプロの選手たちが、私の横をあり得ないスピードで走り抜けていきます。まだまだ見渡す限り人だらけのなか、「ここは本当にハワイ？？」と錯覚するぐらいの日本人に囲まれて、やっとスタートラインを通過しました。

　同行したツアー参加者のみなさんと、楽しく 10km レースデイウォークのコースを走りながら、ゴール地点のカピオラニ公園を目指します。コース中のクリスマスイルミネーションを見ながらのんびりと、時に雨に打たれながらも、みんなで和気あいあいとまずは 10km のコースをゴールしました。

　フルマラソンのコースはまだまだ続きます。ここからの私は別行動です。そして、ここからが私の本当の挑戦です。この頃には雨もやみ、「さあ、いよいよホノルルマラソン。未知への距離、そして世界への挑戦」です。ハワイの日差しの暑さと自分との闘いが始まりました。挑戦が始まって早速、最初の難所であるダイヤモンドヘッドの登場です。景色を眺める余裕もなく、ただひたすら他のマラソン参加者をかわしながら、車いすをこぎ続けます。そして、カラニアナオレ・ハイウェイを通過し、ようやく折り返し地点のハワイカイを過ぎて、再びカラニアナオレ・ハイウェイを走るとき、ばったり今回の挑戦の第一歩をつくってくれた彼と遭遇しました。彼は猛烈な追い上げで、他のお客さん

のエスコートを終えてから単身で私を励ますために、まさに駆けつけてくれたのです。私は走り続けるのに精いっぱいで、余裕もなく必死だったので、最初は彼に気づきませんでしたが、彼が声をかけてくれ、私たちは熱いハイタッチを交わし、お互いを励まし合ったのです。

　彼からもらった元気でさらに走り続けますが、やはり一人で走り続けるのはきつく険しい道のりです。しかし、何と素晴らしいことでしょう。普通の車いすで必死に走り続ける私に、他のフルマラソン参加者、現地ボランティアや現地住民の方々が、「good job！ good job！」と温かい声援を送ってくれるのです。中でも一番驚いたのが、日本人のフルマラソン参加者の方々が、「頑張って下さい！」と言ってくれたことです。日本ではありえないぐらいに誰もが励ましてくれ、その声援を私は何よりも温かく感じました。

　こうして皆さんに元気と勇気をもらいながら、コース後半の最後の難所であるダイヤモンドヘッドを何とかクリアしました。ゴール前の両サイドには数えきれない人たちが、ランナーたちに最後の励ましのエールを送っています。何とそのエールを送る人たちの中に、私が同行したツアーの人たちもいました。ゴールする私のためにずっと何時間もゴールで待っていてくれたのです。最後にそんな最高の声援の後押しがあり、私は無事に7時間38分34秒で完走することができました。目頭が熱くなり、今にも涙がこぼれそうでした。みなさんの声援があってこそ、私は完走できたと思っています。その場で念願の完走記念Tシャツと完走記念キーホルダーを頂き、大会が終了した夜にはツアー主催者が打ち上げパーティーを開いてくれました。参加したみなさんの結果報告とお互いの健闘をたたえ合い、ツアー最後の夜にふさわしい最高に楽しいひと時を過ごしました。

　大会翌日の現地新聞の完走者リスト欄には、「雨のため計測エラー」が発生したので、残念ながら自分の名前は載りませんでしたが、カピオラニ公園まで

完走証明書を受け取りに行き、手元に頂いたとき、改めて「本当に俺はやったんだ！　やればできるじゃないか！」と実感しました。

　今、私の部屋にはホノルルマラソンの完走記念Ｔシャツと完走記念キーホルダーが飾られています。めげそうなとき、それらを眺めながらあの時の自分の気持ちやチャレンジを思い起こしています。以前の私はどちらかと言うと率先して何かをするわけでもなく、無気力で引っ込みがちだったのですが、これからは可能な限りいろいろなことに挑戦し、そこにある道をただ歩くより、自分で歩いて道を切り拓いていくような人生を送っていきたいです。これからも多くの人々に出会い、マイペースで歩んでいけたらいいなと思っています。

　残念ながら、2008年度よりハワイには行けていませんが、今度ハワイに行く機会があったら、今度は私がみなさんからいただいた「心温かい励ましの声援」をホノルルマラソン参加者のみなさんにゴール前で贈り続けたいと思います。それが自分にできる御返しだと思っています。いつか必ず叶えたいです。マハロ〜。

※「マハロ〜」はハワイの言葉で「ありがとう」

車いすツーリスト　佐藤功晃（よしあき）

（1969年12月19日生まれ。立教大学アミューズメントリサーチセンター研究協力者）

●第2章●
日本における
バリアフリー旅行の
歴史と意義

旅のデザインルーム
朝日新聞車イスヨーロッパの旅（Aグループ） 昭和51年9月1日

第1節　日本におけるバリアフリー旅行のはじまり

1　『ヨーロッパ車いすひとり旅』の衝撃

　日本で車いす利用者が海外に旅行したのは、1960年代からだと言われている。例えば1962年、イギリスで行われたストークマンデビル競技大会（パラリンピックの前身）に競技者として参加している例がある。また個人的な旅行としては、私が知りうる限りにおいて、1966年に車いす利用者がベトナムに旅行している記録が残されている。60年代には、こうした散発的な旅行が行われていたものの、車いす利用者の旅行が一般的になるには至らなかった。

　そして迎えた70年代。後の日本におけるバリアフリー旅行の普及に大きな影響を与え、ある意味、日本のバリアフリー旅行の歴史的転換点となったとも言える旅行が行われる。1971年の石坂直行さんによるヨーロッパへの旅行である。

　石坂さんは1924年、大分県別府に生まれた。その後、中学生の頃に、柔道で怪我をしたときに病院で診察を受けたところ、「筋ジストロフィー」と診断された。ただその後も、銀行に就職、得意の英語を生かした外国とのやりとりを中心に「普通に」生活をされていた。

　人生が大きく変化したのは、1970年。45歳のとき、通勤途中で遭遇した追突事故である。この事故以来、車いす生活を余儀なくされた石坂さんは、何度も自殺を考えたそうである。

　彼は後にその頃の心境をこう書き記している。

　「それが悪夢ではなく、現実だと知ったとき、突如として急変した運命に、

3人の扶養家族を抱えた初老の下積みサラリーマンとしては、これからいったいどうなることかと、気も狂わんばかりであった。……（中略）……ベッドから起き立つ、トイレ、洗面、入浴など、人間としての最低限の日常生活動作が、ひとりでやれないことは、自尊心を押しつぶされるばかりであった。気分を転じようとして、趣味や遊びを試みるたびに、それがもはやできないということを、次々と気づかされるのは残酷なことだった。私はすっかり気持ちが動転してしまい、どうして自分には不運が重なるのかと天をのろい、もう生きていても楽しいことはあり得ないのだ、死んだほうが楽だ、そうすれば家族の重荷にならなくてすむと真剣に思いつめ、いつどこでどうやってと、秘かな計画を立て始めた」（石坂直行『ヨーロッパ車いすひとり旅』NHK出版、絶版）

　しかし、石坂さんをその失意のどん底から救ったのは、ある「情報」であった。石坂さんは、「果たして外国の障がいのある人たちは、どんな生活をしているのだろうか」という興味から、ある雑誌を取り寄せた。そして得意の英語を武器に、その雑誌を読みあさったのである。
　そこには信じられない世界が広がっていた。自分と同じ障がい、いやもっと重い障がいのある人たちが、海外では普通に暮らし、普通に働き、恋愛もし、結婚生活も送っているではないか。それどころか、飛行機の操縦の免許を取得している人、全世界を飛び回りながらアドベンチャーを楽しんでいる人、車を自由に操りハンティングに出かけている人……。
　そんな情報を知った石坂さんはある決意をする。「海外へ行きたい……」。「実際に行って自分の目で見て、話をしてみたい……」。彼は家族に内緒で、そっとその計画を進めていった。
　だが、最初その夢は、大きな扉で閉ざされていた。車いすで旅行をする人を受け入れてくれる旅行会社がどこにもなかったのである。
　その一方で、彼は雑誌で知った外国の障がいのある人たちに、手紙を書き

続けた。どうやったら車いす利用者が飛行機に乗れるのか。海外では車いすを貸してくれるのか。移動手段はどうするのか。ホテルは泊まれるのか……。

　捨てる神あれば拾う神あり。やがて一度参加を断られたある旅行会社から、連絡がきた。「何とかなるかもしれませんよ」。

　そしてようやく「特別教育視察団」というツアーの一員として、介助者なしで、スウェーデン、フィンランドなどヨーロッパの計11カ国を3週間で回る海外旅行に出発することになる。1971年のことである。

　この旅行が日本のバリアフリー旅行の歴史に燦然と輝く大きな意味をもつのには、ある理由がある。それは石坂さんが帰国後に書いたある著書である。『ヨーロッパ車いすひとり旅』と題されたその本は、たちまちベストセラーになり、一時石坂さんは、テレビやラジオへの出演、雑誌や本への原稿執筆などで引っ張りだこになる。

2　バリアフリー海外旅行の原点

　この本を出版した後の石坂さんの活躍ぶりは多方面にわたっている。それは例えば、石坂さんが1973年4月に参議院社会労働委員会に招かれた際に行った九つの提言を見るだけでも一目瞭然である。下記がその9項目である。

①「身体障害者」についての考え方と目標の転換
②隔離教育の廃止
③公共建築物のバリアフリー化
④公共建築基準の設定
⑤自動車運転免許制限の撤廃
⑥交通機関の改善
⑦福祉ビジョンの再考と明確化
⑧障害をもつ人びとの参加・参画の必要性と長期計画の策定
⑨障害をもつ人びとの人権の確認宣言

　また、帰国後に書いた論文のタイトルを見るだけでもその多様性がわかる。

例えば「障害者と老人のための遊びのノート」(『みんなのねがい』所収)、「体の不自由な人の明るい性生活」(『リハビリテーション研究』所収)、「身障者に便利な道具紹介」(『みんなのねがい』)、「体の不自由な客とホテル」(『ホテルレビュー』所収)、「身障者にこそ車は足」(『自動車と整備』所収)、「誰もが歩けるみんなの公園」(『公園緑地』所収) などなど。

　こうして多岐にわたる活躍をされた石坂さんだったが、ある時からその活動は「バリアフリー旅行」に関わる取組みに収斂していくことになる。自らが体験し、生きる糧を得た「旅行」をいかに多くの人に経験してもらうか。はなから旅そのものをあきらめている障がいのある人たちに、旅行ができることをどう伝えるか。石坂さんの取組みは、「バリアフリー旅行」をどう普及していくかに重点をおくようになっていくのである。その活動もまた先駆的かつユニークなものばかりであるが、それらを大きく分類すると、以下の三つになる。その三つとは、

　①バリアフリー旅行に関する環境整備
　②バリアフリー旅行に関する情報提供
　③バリアフリー旅行に関する企画運営

である。

　ここでは、このうち「企画運営」に関することだけを述べることとする (それ以外の取組みについては、拙著『障害をもつ人びととバリアフリー旅行　～石坂直行の思想と実践』明石書店、をお読み下さい)。

　石坂さんは様々なバリアフリー旅行を企画されることになるが、そのなかでも日本のバリアフリー海外旅行の歴史を考える上で、非常に重要な意味があるのが、1976年、朝日新聞厚生文化事業団が主催した「第一回車いすヨーロッパの旅」である。

　実はその前年、日本で最初の団体旅行としてのバリアフリー海外旅行が、「カナダ障害者交流旅行」(空飛ぶ車いすの会主催) として行われているが、この後述べる理由から、日本のバリアフリー海外旅行の歴史を考える上で、

車いすヨーロッパの旅概要

◆期　　間	A班	1976年9月1日～9月10日
	B班	1976年9月15日～9月24日
◆参加者	A班	障害者21名（うち車いす利用者17名）、非障害者19名　合計40名
	B班	障害者23名（うち車いす利用者18名）、非障害者20名　合計43名
◆訪問国		デンマーク（コペンハーゲン）、フランス（パリ）、イギリス（ロンドン）、スウェーデン（ストックホルム）
◆訪問場所		デンマーク身障者協会、障害者専用海岸、障害者用アパートなど
◆主催団体		朝日新聞厚生文化事業団
◆費用		ひとりあたり39万8000円

　この「車いすヨーロッパの旅」は、非常に意義があるものと思われる。

　そう考える第一の理由は「継続性」である。この「車いすヨーロッパの旅」は、朝日新聞厚生文化事業団主催として、1976年に第一回目が実施されたが、その反響の大きさから、都合5回にわたって実施された。そしてこの5年間でのべ260名の人びとが、海外に旅立っていくことになった。

　そして一度の中断を経た後、日本初の商業ベースに乗ったバリアフリー海外旅行に発展していく。1984年の「グリークの故郷北欧・氷河とフィヨルドを訪ねて」というツアーがそれである。このどこからも支援を受けずに純粋に商業ベースで企画された日本初の海外ツアーを主催したのが、朝日新聞厚生文化事業団の「車いすヨーロッパの旅」の時代からずっと担当を続けてきた「旅のデザインルーム」という旅行会社である。石坂さんが当事者の視点からこの旅に全面的に参加し、綿密な計画が練られていった。そしてこのツアーはとぎれることなく毎年1回ずつ行われ、2003年までに計27回、のべ500人近くの障がいのある方々が参加するツアーに成長していく。まさにこの「車いすヨーロッパの旅」は、日本のバリアフリー海外旅行の出発点であったといってよい。

表2-1　旅のデザインルーム「車いすの旅」一覧

実施年月	名称	参加者数	訪問国	費用
1976年9月	車いすヨーロッパの旅（A班）	39名	デンマーク・フランス・イギリス・スウェーデン	44万8000円
1976年9月	車いすヨーロッパの旅（B班）	44名	デンマーク・フランス・イギリス・スウェーデン	44万8000円
1977年8月	車いすヨーロッパの旅	48名	スウェーデン・デンマーク・イギリス・フランス	44万8000円
1978年8月	車いすヨーロッパの旅	41名	スウェーデン・オランダ・スイス・フランス	45万8000円
1979年8月	車いすヨーロッパの旅	45名	デンマーク・イギリス・フランス・オランダ	45万8000円
1980年8月	車いすヨーロッパの旅	43名	オランダ・イギリス・スペイン・フランス	49万8000円
1984年9月	車いすヨーロッパの旅　グリークの故郷・北欧フィヨルドを訪ねて	37名	フィンランド・ノルウェー	59万円
1985年10月	車いすヨーロッパの旅　南欧・コートダジュールの旅	32名	フランス・スペイン・モナコ	60万円
1986年11月	車いすヨーロッパの旅　トルコ・ギリシアと古代エジプト	26名	トルコ・ギリシア・エジプト	60万円
1987年11月	車いすの旅　南米・メキシコの旅	14名	アメリカ・ブラジル・アルゼンチン・メキシコ	84万8000円

1988年10月	車いすの旅　オーストリア・ミュンヘン・ローマ・パリの旅	23名	オーストリア・ドイツ・イタリア・フランス	59万8000円
1989年11月	車いすの旅　春のニュージーランド北島、南島の旅	22名	ニュージーランド	59万8000円
1990年7月	車いすの旅　ブルージュ・ロマンチック街道とミラノを訪ねて	31名	フランス・ベルギー・ドイツ・イタリア	62万8000円
1991年10月	車いすの旅　紅葉の中を行くイングランド・スコットランドの旅	32名	イギリス	59万8000円
1992年10月	車いすの旅　秋のヨーロッパ旅情	41名	ドイツ・ハンガリー・オーストリア・イタリア	63万8000円
1993年10月	車いすの旅　紅葉のカナダ・メープル街道を行く	26名	カナダ	65万8000円
1994年11月	車いすの旅　秋深きロマンチックヨーロッパ	31名	フランス・イタリア	58万8000円
1995年10月	車いすの旅　紅葉のアルプスと楽聖の国ドイツ紀行	41名	スイス・ドイツ	52万8000円
1996年11月	車いすの旅　秋のイベリア旅情	24名	スペイン・ポルトガル	52万8000円
1997年8月	車いすの旅　北欧フィヨルド紀行	31名	ノルウェー・デンマーク	57万8000円
1998年10月	車いすの旅　紅葉のスイス・アルプスと湖畔の街々	20名	スイス	49万8000円
1999年4月	車いすの旅　秋深きフランスを行く	18名	フランス	46万8000円
2000年10月	車いすの旅　南アフリカ3カ国の旅	18名	南アフリカ・ジンバブエ・ボツワナ	58万8000円
2001年10月	車いすの旅　秋のヨーロッパ旅情	17名	チェコ・オーストリア・フランス	48万8000円

| 2002年9月 | 車いすの旅　バルト海の乙女ヘルシンキと芸術の都サンクト・ペテルブルグ | 26名 | フィンランド・エストニア・ロシア | 39万8000円 |
| 2003年3月 | 車いすの旅　サビッハマルタ　ゆっくり滞在と陽気な街ナポリ | 16名 | イタリア・マルタ | 38万8000円 |

　障がいのある人びとの海外旅行としては、例えば北海道社会福祉協議会が支援をした「障害者国際交流事業」や当事者団体や施設等が企画したものなどがあるが、このように長年にわたって、しかも商業ベースで継続して行われているものは他に例がない。

　どうしてこのツアーだけが継続して行われることができたのかについては、今後さらに検証していく必要があるが、その第一回目の76年のヨーロッパ旅行の成功がそのスタートになっていることは間違いない。このツアーの成功こそが、それ以降のツアーの継続につながったと言える。そして継続して行うことにより、さまざまなバリアフリー旅行に関する情報が蓄積し、それがやがては日本初の商業ベースでのバリアフリー海外旅行の実現につながることになる。

　そしてこの一回目の成功の理由の一つに考えられるのが「当事者の参加」という点である。そのこととも関係して、このツアーの意義として考えられる第二の点が「当事者性」である。この旅自体、主催は朝日新聞厚生文化事業団であるが、まずはそもそもの企画のきっかけ自体が、先にも書いた『車いすヨーロッパひとり旅』という本であった。そしてこの本の著者である石坂さん自身が、旅の企画に参加、当事者の視点から、下見を行い、また現地の様々な個人や機関とのコーディネーターとしての役割を果たしたからこそ、成功したのだと言える。

　そしてその後の日本のバリアフリー海外旅行の歴史をたどってみても、実際に障がいのある多くの当事者が自分たちの力で企画、実行をしているとい

う点には、日本の福祉の歴史において、非常に珍しい例になっている。

さらにこの旅が画期的だった理由の三番目として、「先駆性」があげられる。

このツアーを実施後に書かれた旅行記『車いすヨーロッパみてある記』には、バリアフリー海外旅行を行う上での課題についてまとめられている。それを項目ごとに並べると「飛行機」「ホテル」「バス」「空港」「車いす」「ボランティア」となっているが、ここに書かれている課題は、まさに現代において行われているバリアフリー海外旅行の抱える課題とほぼ同じである。この点からもこの旅が先駆的であったことがわかるだろう。

またこの旅で使われたという日本初の航空機内通路用車いす（通称「朝日号」）は、この旅において、航空機内でトイレへの移動等に力を発揮したばかりでなく、その後の機内用車いすの原型となった。そして実際にこの旅行実施後、ある航空会社から問い合わせがあったそうである。

写真 2-1　朝日号

この機内通路用車いすは、今でこそ各航空会社が導入しているが、法的には、この「車いすヨーロッパの旅」の 24 年後に成立した「交通バリアフリー法」において、ようやく設置が義務づけられることになるのである。

そして最後にこの企画が、当時の福祉のまちづくり運動やアメリカから導入された自立生活運動の影響下にあり、参加者の何人かが帰国後、こうした運動に積極的に関わるようになっていくこととも関連して、「旅行の効果」という視点から見た場合、この旅行の意味は非常に大きかったことがあげられる。このことについては、次の項で詳しくみていくことにしよう。

3　バリアフリー旅行が人生を変えた

　この「車いすヨーロッパの旅」の募集は、朝日新聞紙面に載った小さな社告で始まった。しかしなんと2日間で問い合わせが100件を超し、2週間という異例の早さで締め切られたときには、申込者は定員の3倍近い165人に達していたという。そして最終的には、何らかの障がいのある人44名が参加することになる。

　私はこの旅に参加した方にとって、いったいこの旅はどんな意味をもっていたのかを知るために、参加した3名の方にインタビューを行った。以下にこの3名の方のお話をまとめる。

　まず、現在長野県で社会福祉法人理事長として活躍されている島崎潔さんである。

　島崎さんは高校2年生のときに、病気で車いす生活となった。卒業後「仕方なしに」、時計の修理や金属加工をする会社に勤められた。しかしその頃は、内面の充足感がまったくなかったと振り返っておられた。「自分でもらった給料は車につぎ込んで、酒飲んで、麻雀やって、昔一緒に入院していた仲間の連中とワイワイガヤガヤやるのがあたりまえで、それがすべてでした。障がいを受容できず、コンプレックスの固まりで、いわゆる社会との関わりをもとうとはしないし、ましてや福祉関係の仕事をしようなんて、これっぽっちも考えていませんでした。完全に心を閉ざして生きていた時代ですよね」と島崎さんは語ってくれた。

　それが少しずつ変わり始めたのは、27歳のときに車いすの仲間4人と一緒に行った北海道旅行だったという。それまで高校の修学旅行にも参加せず、宿泊を伴う旅行をしたことがなかった島崎さんだったが、思いつきと勢いで、宿泊先も決めずに、貯金通帳だけ持って、会社には「1週間検診に行ってきます」とうそをついて車に乗り込み、一路北海道に向かったのである。その旅で島崎さんは「俺たちも案外生きていけるんだなあ」と思ったという。

そしてその2年後。たまたま職場の同僚が朝日新聞の社告を読み、島崎さんにこの旅行への参加を勧めたそうである。しかし、当初島崎さんはまったく旅行に参加する意欲はなかった。「病気になったらどうするのか、怪我でもしたら帰ってこられない」。しかし、その同僚は島崎さんのご両親のところにまで説得に行き、島崎さんのヨーロッパ行きを強く勧めた。実はこの方が、帰国の翌年、島崎さんの生涯の伴侶となる女性だったのである。

そうしてずっと海外旅行への参加を尻込みしていた島崎さんだったが、周囲の励ましや協力で参加を決定。ヨーロッパへ飛んだのである。

写真 2-2　出発式

このヨーロッパ旅行でロンドン滞在中、日本で大きな事件が起こった。旧ソ連の戦闘機「ミグ25」が函館空港に強行着陸した、いわゆる「ミグ25事件」である。このニュースをロンドンで聞いた一同は、拍手喝采をしたそうである。「これで日本に帰れなくなる。帰らなくていいんだ……」。それだけ日本にいるときとは異なる、住みやすい社会がそこにはあったのだ。

「日本との違いは何ですか？」との問いに島崎さんはこう答えられた。「ひとりの人間として扱われたということです」。

それは具体的にはこういうことである。ホテルのエレベーターを、車いすの仲間で占有していたときのことである。その時「このエレベーターは、あなた方だけのものではない」と現地の人から注意されたそうである。また歩道を車いす3台くらいで横並びで移動していたときにも、自転車に乗っている人から「私たちも使うので道を空けてくれ」と指摘された。

この二つのエピソードを通じて、島崎さんは「注意された心地よさ」ということばを使いながら、「それはある意味、本当に私たちのことを『人間』

として扱っているということだ」と指摘する。一方で、ルーブル美術館では、日本から来たボランティアの学生が、車いすを担ぎ上げていると、何も言わないのにフランス人の男性が集まってきて、手伝ってくれたりもする。その自然さがまた「心地よかった」そうである。

　こうした体験をしたヨーロッパ旅行だったが、島崎さんはこの旅行で得たものは次の三つであると語ってくれた。「まず、人生で試練が訪れたときに、自分の中でそれをどうやって消化して生きていくのかが本当に大事だと思うようになったこと。二つめに、歩けなくなるという経験があったからこそ、見えなかったものが見えるようになったこと、そして三つめは、痛みへの共感ができるようになり、その力を同じ仲間とともに、地域社会を変えていくエネルギーにしようと思ったこと」。

　こうして帰国後、歩けなくなった自分をようやく受け容れることができるようになり、そこから、今までまったく無縁だった福祉の世界に関わるようになっていく。仕事のかたわら、「車いすガイドブック」の作成、ボランティア団体の設立、わたぼうしコンサートの開催などに邁進するようになっていく。そして97年の障害者自立生活運動発祥の地、アメリカ西海岸バークレーへの旅をきっかけとして、翌98年、「ヒューマネットながの」という任意団体を設立。地域で暮らすすべての障がいのある人の生活を支援するサービスを提供するようになる。

　この時の思いを島崎さんはこう語っている。

　「それまで長野では、地域で障がいのある人が暮らしたいと思った場合、ボランティアしかサービスがなかったのです。でもそれではどうしても『主体』はボランティアになってしまう。そこで『主体』を自分たちに取り戻そうと思いました。そこでバークレーに行って刺激を受け、帰国後仲間に呼びかけて、1時間700円で何でもやりますというサービスを立ち上げたのです。そして長野駅前に事務所を借りて、活動を始めました。これも自分たちの活動に誇りをもつために、あえて踏み切ったのです」

その後、この団体はNPOになり、さらに今では社会福祉法人を立ち上げ、さまざまなサービスを提供するようになるのである。

　もう1人、吉澤一廣さんの例を紹介しよう。吉澤さんがこの車いすの旅に参加しようと思ったのは、ある意味特殊な生育環境にあったことがきっかけである。北海道・帯広で生まれた吉澤さんは、生まれつき障がいがあり、就学猶予によって、小学校にも行けない状態にあった。そのなかで文学の世界、とりわけアンデルセン童話の世界に強いあこがれをもっていたそうである。その後、学校にも通うようになり、様々な出会いのなかで、文学だけでなく、電気工学、哲学、芸術など幅広い分野について、見識を広めるようになった。そして旧制中学を卒業後、定時制の高校に通いながら、高校建築科の助手を務めるようになり、その後も46年間にわたり、高校の教員として働くことになる。そうしたときに車いすツアーの社告が新聞に出され、それを見た吉澤さんは、まさに「アンデルセンの世界」に行くことにあこがれ、ツアー申込みをしたそうである。

　そしてさらにツアー後には、参加した仲間と一緒に、商業ベースでのバリアフリー旅行の実現に乗り出し、その企画立案に参加するようになる。これが先にも書いた、1984年から始まる商業ベースでの日本初のバリアフリー海外旅行である。その実現にまさに当事者として参画していたわけである。

　こうした旅行経験を通じて吉澤さんが学んだことは、ご本人のことばを借りれば、「自己決定すること」ということである。またその後の石坂さんとのつながりのなかで「壁を破る」ということを教訓として学んだそうだ。そしてこのことは、旅行に限らず吉澤さんの生き方すべてにつながっていく。

　吉澤さんは現在、自立生活センターの理事長として障がいのある方の地域生活をサポートしているだけでなく、介護保険事業にも乗り出している。また自らの生活も家族による介護に頼るのではなく、自分の経営する事業所からヘルパーを派遣して、その介護を受けながら送っている。また福祉人材の

養成にも積極的で、介護福祉士養成にも早くから取り組まれ、自らも上級身障者ケアマネージャーの資格を取得、さらに今後は知的障がい者のケアマネジメントにも乗り出すとのことである。

こうした活動だけでなく、吉澤さんの趣味は本当に多様である。最近始められたものだけでも、バイクでのツーリング（大型自動二輪で高速を爆走！）、クレー射撃、カラオケなどなど多方面にわたっている。それ以外にもアマチュア無線も１級、絵も描かれており、その腕前はまさにプロ級である。

もう１人、私がインタビューを試みた矢吹さんは、この「第一回車いすヨーロッパの旅」（1976年）に参加したとき、印刷会社に勤めていた。生まれつき障がいがあった矢吹さんは、通信高校卒業後、仕事をしつつもその日その日を楽しめばいいやという考えで生きていたそうである。矢吹さん曰く「この時期、自分としてははっきりした目標をもって生きているという実感はなかった」とのこと。しかし、生まれ故郷の山形での同じ障がいのある仲間との活動、そして1970年に仙台で開催され、その後の日本の福祉のまちづくり運動の出発点になったといわれる「車いす市民全国集会」への参加がきっかけとなり、朝日新聞厚生文化事業団の旅への参加を決意する。

そしてヨーロッパの旅では、何を感じたのか。私の質問に対して、「私はあまり物理的なことには興味がなかった」答えられた後、矢吹さんの口をついて出たのは「ヨーロッパに行って『人間』を見たかな」ということばだった。それは、こんなエピソードから感じたのだという。スウェーデン滞在中、ホテルの前で朝からブラスバンドの演奏が聞こえてくる。何かと思ったら、子どもたちが演奏をしながら、募金活動を行っていた。当時の日本では（いや、今日の日本でもまだ）、子どもたちが募金活動をやるなんてことはほとんどないことで、逆にそんなことは子どもたちにさせてはいけないという教育観があった。それをみんながあたりまえのようにやっていて、そのことが文化になっている社会に感動したそうである。

またこんなこともあった。障がいのある人（女性）とない人（男性）が結婚している家庭におじゃましたとき、同行者の一人が「介助はどうするのですか？」と質問した際、障がいのない彼が「私はパートナーとしてあたりまえのことをやっているだけだし、必要な介助者は外から来るし、どうしてそんな質問をするのか」とキョトンとしていたそうである。あたりまえのように障がいのある人が結婚して、地域に暮らしている。まさしく福祉サービスが恩恵や施しではなく、あたりまえに存在していて、皆が支え合いながら暮らしているその社会に「人間」を見たのである。
　そして矢吹さんの生活も帰国後一変する。
　車いす市民全国集会の開催（1983年）を山形に招致し、経営していた印刷所を閉鎖して福祉用品販売の会社に勤め始めた。さらに、同じ年に出かけたB班の団長であった日本の福祉のまちづくり運動の先駆者の一人である長橋さん（京都）が主宰した「日本自立生活センター」のもとに参画し、それ以後、障害者の自立生活運動に関わるようになっていく。途中、市町村障害者生活支援センターに出向して7年間勤務し、65歳になった今も、日本自立生活センターのピアカウンセラーとして、また障害者権利条約の批准と完全実施をめざす京都実行委員会事務局長としても活躍している。

　このようにこの3人に共通しているのは、旅に参加する以前は、まったく福祉とは異なる分野での仕事を生業としていたのが、帰国後、最終的には、当事者の視点を生かしながら福祉サービスの提供者側にいるという点である。島崎さんは社会福祉法人理事長として、吉澤さんは訪問介護事業者として、矢吹さんは自立生活センターのピアカウンセラーとして、それぞれ活躍されている。しかもいずれも入所サービスではなく、地域で高齢者や障がいのある人が自立して生活をするためのサービス提供を行っており、今ではその中心的役割を果たしている。もちろんこのことが「車いすの旅」による影響であると即断することはできない。いやむしろ今から30年以上前、つまりま

だまだ障がいのある人の社会参加どころか外出すら困難であった時代に、ヨーロッパへ海外旅行に行こうと思えるだけの何らかの理由や背景があった人たちだからこそ、その後、当事者としての主体的な活動を行うに至る資質がもともと十分にあったと言ったほうが正確であろう。

　その一方で、この3人に共通して言えることは、やはりこの旅が与えた影響の大きさである。今回インタビューをした吉澤さんが、この旅の意義を「自己決定をすることを学んだ」と語っていたことがまさしくその典型とも言えるのだろうが、当時の日本の障がいのある人びとが置かれていた状況とあまりに違うヨーロッパの実情に実際に触れることが、その後の人生に大きな影響を与えたことは言うまでもない。様々なサービスを自らの選択で選びながら、地域で普通に生活しているヨーロッパの障がいのある人たちとの出会いが、帰国後の人生選択に影響を与えたと思われる。「旅することは生きること」と謳ったのは、吉澤さんが子どもの頃からあこがれ続けたアンデルセンであるが、ヨーロッパの旅で得たものが、その後の生きる方向性を指し示したと言える。

　今から30年以上前。障がいのない人でさえ、まだまだ海外旅行へ行くということは一般的ではなかった状況のなかで、この「車いすヨーロッパの旅」に参加した人びとにとって、この旅は、さまざまな意味を見い出した旅となった。なかでも多くの参加者が得たものは、ヨーロッパの障がいのある人びとの「生活」と日本に住む自分たちの生活との違いを知ったことである。ヨーロッパでは、自分たちと同じ程度かむしろより重い障がいのある人が、施設ではなく、地域で普通の生活をしていた。道を歩いていて、もし段差があって、立ち往生していたとしても、何のためらいもなく、またこちらから大声で依頼するでもなく、ごくごく自然に手伝ってくれる。こうした障がいの有無にかかわらない「人間尊重」の人間観に触れ、日本との格差に愕然とする。そのことが帰国後、さまざまな活動へのエネルギーとなり、原動力となっていったのであろう。

第 2 節　その後の日本のバリアフリー旅行

　石坂さんの「ヨーロッパ車いすひとり旅」から始まった日本のバリアフリー旅行は、その後、少しずつではあるが普及発展していくことになる。
　それを私なりに大きく時代区分をすると、以下のようになる。
　1970 年代：誕生期
　1980 年代：チャレンジ期
　1990 年代：普及期
　2000 年代：ユニバーサル期
　そこで、それぞれの年代の概略を特徴的なできごとを取り上げながら説明していきたい。
　まず 70 年代は、日本のバリアフリー旅行の黎明期と言ってもいい時代である。その発端については、前節で詳述したが、71 年の石坂直行さんのヨーロッパへの旅行であり、76 年の朝日新聞厚生文化事業団が企画したヨーロッパ旅行である。
　80 年代になると、70 年代の取組みに刺激を受けた障がいのある人たちが、次から次へとチャレンジするべく、旅行に行くようになる。国内旅行で言えば、1982 年に初めて障がい者専用列車「ひまわり号」が上野〜日光間を走り、大きな話題になった。また、こうした障がいのある人たちが集って団体で旅行に行くというパターンだけでなく、一人ひとりが自分の行きたいところへ行くというチャレンジ精神にあふれた旅行パターンも出てくる。
　特にこの 80 年代は、それまでの研修型、視察型ではない旅行、つまり純粋にレジャーのための旅行が、先駆的な人びとによって行われるようになっていく。その一つが、84 年の日本で初めての商業ベースでの海外ツアーの

実施である。とともに障がい当事者が参画して旅行を運営していったり、また旅行支援のための情報センターを設立するようになっていったのもこの頃である。

それが90年代になると、さらに裾野が広がり、もう特別な勇気のある人だけが旅行に行くということではなく、バリアフリー旅行が普及していく時代となる。ただしその普及の潮流を詳しくみると、「バリアフリー旅行の個別化・特殊化」という流れと「バリアフリー旅行の一般化・普遍化」という流れがある。

前者の「個別化・特殊化」とは、さまざまな障がいのある人のニーズに応えるようなツアーが登場することがあげられる。例えば人工透析を受けている人のツアーや視覚に障がいのある人のツアー、電動車いすの人の単独参加を受けるツアーなどである。

また後者の「一般化・普遍化」とは、一般ツアーに組み込まれた形で障がいのある人びとの旅行が行われるようになったことである。その最たる事例が、91年、大手旅行会社JTBの一般向け海外旅行パンフレット『ルックJTB アメリカ・カナダ』に「車いすで見るアメリカ・ウエストコースト」、「車いすで見るカナダ・カナディアンロッキー」が掲載されたことである。また96年には特定の障がい別ではなく、障がいの有無に関係なく、どんな人でも参加可能な「車いすはパスポート旅行団」というツアーもスタートしている。また大手旅行会社でもバリアフリー旅行を企画し始めたり、中小の旅行会社で、障がいのある人の旅行を専門に扱う会社が登場し始めたのも90年代である。また私事になるが、私が当時JTBにお勤めの草薙威一郎さんと一緒に、日本初の障がいのある人向けの海外旅行ガイドブックとなる『障害者アクセスブック　海外旅行編』（中央法規出版）を出版したのも、91年のことである。

そして迎えた2000年。この年の交通バリアフリー法の成立は、交通機関のハード面でのバリアフリー化を急速に進め、まだまだ課題が残っていると

ころもあるが、「行けるところに行く」から「行きたいところへ行く」という状況に変わりつつあるのが現在である。

　以上、大きく日本のバリアフリー旅行の歴史を追ってみたが、こうした変化の背景にはさまざまな制度や法律の成立があることは言うまでもない。
　そこで次に、バリアフリー旅行に関わる制度や法律の流れについてみてみよう。
　まずバリアフリー旅行の普及という点で画期的だったのは、1995年という年である。この年に出された「ノーマライゼーション7カ年計画」及び「観光政策審議会答申」は、すべての人に旅行という楽しみを保障していくことの必要性を高らかに謳い上げている点において、注目すべきものである。
　このうち「観光政策審議会答申」では、まず冒頭の「Ⅰ　観光を考える基本的視点」に「すべての人には旅をする権利がある」と書かれている。その解説には「……特に他律的な理由によって旅がままならない障がい者や高齢者といった旅行弱者に対して、国や地方公共団体、観光業界や一般国民が、旅の実現に向けて、責任を有し、実行が求められている……」とある。
　こうした理念を具体的に保障するものとして、バリアフリー旅行の普及発展に特に意味の大きかった法律が、1994年のいわゆる「ハートビル法」及び2000年の「交通バリアフリー法」の二つである。この二つの法律は、観光施設及び交通ターミナル及び交通機関のハード面におけるバリアフリー化に大いに役に立ったことは疑う余地がない。
　一方、2006年という年もまた、バリアフリー旅行の普及発展を考える上で、ポイントとなった年である。この年の12月13日、奇しくもバリアフリー旅行に関する二つの「あるもの」が、定められた。
　一つは観光立国推進基本法である。その第21条（観光旅行者の利便の増進）には、「国は、観光旅行者の利便の増進を図るために高齢者、障害者、外国人その他特に配慮を要する観光旅行者が円滑に利用できる旅行関連施設及び

公共施設の整備及びこれらの利便性の向上、情報通信技術を活用した観光に関する情報の提供等に必要な施策を講ずるものとする」と書かれている。まさに10年前の観光政策審議会が高らかに謳い上げた「すべての人には旅をする権利がある」という理念を実現するために、国の責務を法律の上でも明記することとなった。

そしてまた、国連総会で障害者権利条約が採択されたのも同じ12月13日である。この条約の第30条（文化的な生活、レクリエーション、余暇及びスポーツへの参加）には、「締約国は、障害者が他の者と平等に文化的な生活に参加する権利を認めるものとし、障害者が次のことを行うことを確保するためのすべての適当な措置をとる」と書かれ、「次のこと」の例として3番目に「文化的な公演又はサービスが行われる場所（例えば劇場、博物館、映画館、図書館、観光サービス）へのアクセスを享受し、並びにできるかぎり自国の文化的に重要な記念物及び遺跡へのアクセスを享受すること」を挙げている。

日本はまだこの障害者権利条約を批准しているわけではないが、世界的にも障がいのある人の旅行について、理念としては「ぜいたくなもの」ではなく、「生活をする上で必要な大切なもの」と位置づけられつつあることがよくわかる。

こうしたなか、果たして日本におけるバリアフリー旅行は実際に、普及しているのであろうか。実はバリアフリー旅行の全体像を押さえるデータは今のところなく、障がいのある人たちが旅行をどんどんするようになったのか、あるいは逆に旅行しなくなっているのかについて、データで検証することは不可能である。

そこで次章では、いくつかの視点から、バリアフリー旅行の状況をみていくことで、現状と課題を明らかにしていきたい。

学生バリアフリー調査隊が行く！　①

一人ひとりの想いが森の中に伸びていく
～インデペンデンスボードウォークの取組み～

　インデペンデンスボードウォーク（以下ＩＢＯ）とは、森などの自然の中に木道を設置する運動のことです。発祥は、アメリカのコロラド州で、日本に持ち込まれたのは、2000年6月のことでした。岩手県一関市大東町の「ふるさと分校」に、障がいのある人でもそうでない人でも一緒に自然を楽しめるように設置したのがはじまりです。そう、この木道は単なる「木の道」ではないのです。誰もが自然を楽しむことができるように、市民一人ひとりの想いが込められたバリアフリー木道のことなのです。今では、岩手県葛巻町・新潟県湯沢町苗場・長崎県大村市野岳湖・新潟県長岡市・石川県金沢市・宮城県大崎市・石川県輪島市などといった自然が豊かなところにあります。

　そしていずれのＩＢＯにもコンセプトがあります。新潟県湯沢町苗場では、毎年夏に「フジロックフェスティバル」が開催されていて、すべての人に美しい自然の中で開催される野外コンサートを体験してほしいという願いから、そこにＩＢＯができました。また、この日本一長いボードウォークでは、毎年多くのボランティアの方々が、雪解けとともにメンテナンスのためのキャンプを実施しています。そして、新潟県山古志村（現・長岡市）や石川県輪島市といった震災で大きな被害を受けた場所では、復興メモリアルとしてＩＢＯを設置するというケースもあります。地域の伝統文化である「闘牛」を復活させる際に設置された山古志村のＩＢＯ。また、輪島市では、ＩＢＯの設置活動を通して出会ったカップルの結婚式がＩＢＯの上で行われました。

　ＩＢＯの特徴としては、来場者が板に自由にメッセージを書き、その板を敷

苗場のIBO　　　　　　　　　　山古志村のIBO

いていくことで道が作られていく、ということがあげられます。板一枚を1000円程度で購入し、好きな絵や文字を書くことで、記念に残すことができるのと同時に、ボランティアに参加することにもなります。自分の絵や文字が書かれた板でボードウォークを作っていくことで、自身がＩＢＯに参加したのだという実感を得られます。

　しかし、その絵や文字は永久には残りません。およそ三年の歳月によって少しずつ消えていき、やがて元の木の姿に戻ります。ですが、ボードウォークの先端部分には常に色とりどりの絵や文字が書かれた板が追加されていきます。このことは、ボードウォークが常に成長し続けていることを私たちに教えてくれます。また、ＩＢＯは周辺の自然環境を汚すことなく、生態系にも考慮して作られることも特徴にあげられます。

　このように、人々の善意によって伸びていく木道の上で、障がいのある人、高齢者、ベビーカーを押す人など、すべての人が自然を「自分の意志で散策できる」ようになることが、ＩＢＯの主旨です。

　　　　　　　　　　　小山貴子（浦和大学総合福祉学部・TLRメンバー）

●第３章●
バリアフリー旅行の現状と課題

第1節　バリアフリー旅行は普及している？

第1章でも紹介したが、私たちは2007年から、日本の世界自然遺産認定地である知床半島、白神山地、屋久島、そして候補に挙げられた小笠原諸島、

旅行地	知床半島①	知床半島②	知床半島③	白神山地
調査日	07年9月15日〜17日	08年3月15日〜17日	09年12月4日〜6日	08年9月13日〜15日
アクセス 行き	羽田空港〜女満別空港	羽田空港〜女満別空港	羽田空港〜女満別空港	羽田空港〜秋田空港
アクセス 帰り	釧路空港〜羽田空港	女満別空港〜羽田空港	女満別空港〜羽田空港	秋田空港〜羽田空港
旅行中移動手段	レンタカー（福祉車両）	レンタカー	レンタカー	レンタカー・列車（JR五能線）
宿泊	知床プリンスホテル風なみ季　ピュアフィールド風曜日	季風クラブ知床　知床グランドホテル北こぶし	知床第一ホテル	ホテルゆとりあ藤里　アオーネ白神十二湖
訪れた主な観光地	知床五湖・フレペの滝・羅臼湖	プユミ岬・流氷観光砕氷船	標津サーモンパーク・網走監獄・オホーツク流氷館	岳岱自然観察教育林（四百年ブナ）・マザーツリー・十二湖（青池他）・ウェスパ椿山
体験したアクティビティ	ホエールウォッチング・釧路川カヌー・サケの遡上	流氷ウォーク	なし	釣り

表3-1　世界自然遺産地域バリアフリーモニターツアーの概要

八重山諸島（以下、二つの候補地も含め、すべてを示すときには「世界自然遺産地域」と表記する）を車いす利用者と一緒に旅をしてきた。それは特異な自然環境に恵まれた日本の自然観光地を、果たして車いすでどれだけ楽しむことができるのかについて実際に体験しながら、見て回りたいという思いからである。

屋久島	小笠原諸島	八重山諸島
09年6月5日〜7日	07年3月21日〜26日	09年2月21日〜24日
羽田空港〜鹿児島空港〜宮之浦港	竹芝桟橋〜父島	羽田空港〜石垣空港
屋久島空港〜鹿児島空港〜羽田空港	父島〜竹芝桟橋	石垣空港〜那覇空港〜羽田空港
レンタカー・リフト付きバス	マイクロバス・船	レンタカー・リフト付きバス・船
JRホテル屋久島 民宿いっぱち	パパスアイランドリゾート	ホテルイーストチャイナシー（石垣島） ニラカナイ（西表島） 石垣全日空ホテル（石垣島）
紀元杉・永田いなか浜・大川の滝・西部林道	小笠原海洋センター・三日月山展望台・夜明け道路・脇浜なぎさ公園	竹富島散策・仲間川遊覧・由布島水牛車・奥西表（船浮）・川平湾・琉球村
ウミガメ観察・シーカヤック・平内海中温泉	ミステリーナイトツアー・ウミガメの放流・海上フィッシング	マングローブ林遊覧（ちむどんどん号）

第3章　バリアフリー旅行の現状と課題

さらにこれらの旅行にあたっては、次のような問題意識をもっていた。当然ながら自然が豊かな観光地というのは、基本的に「バリアフル」である。例えば森林、海岸、河川、湖沼……いずれをとっても、まったく原生状態ならば、車いすでアクセスすることはできないだろう。そこに舗装路をつくり、スロープをつくり、多目的トイレをつくり、駐車場をつくる……ことによって、初めて車いすでもアクセス可能となる。

　しかしそのことは一方で、原生状態の自然に人工的に手を加えることになる。自然破壊にもつながりかねない。そこで誰もが旅（この場合は自然観光地を巡る旅）を楽しむことができるように環境整備を進めることは、同時にそれは自然破壊をもたらすことにつながるのではないか、という疑念があったのである。誰もが楽しむことができること。一方で自然をそのままの形で残すこと。この二律背反の考え方をどのように両立できるのかという難問を解決する糸口を見出すための旅でもあった。

　その答えは今もって明確ではないが、いくつかの事例を通して、答えの糸口は見出せたような気がする。その詳細については、第4章に譲るとして、この節では、こうした原生的な自然が残されている貴重な自然観光地をめぐる旅を通して、どんなバリアがあり、どのように楽しむことができたのかについて、交通機関、宿泊、観光地（アクティビティ）の三つの視点からレポートする。またそれぞれの写真については、第1章も参考にしていただきたい。

　なお我々が取材したのは以下の時期であることを申し添える。

　　知床半島　　2007年9月15日～17日、2008年3月15日～17日、
　　　　　　　　2009年12月4日～6日
　　白神山地　　2008年9月13日～15日
　　屋久島　　　2009年6月5日～7日
　　小笠原諸島　2007年3月21日～26日
　　八重山諸島　2009年2月21日～24日

交通バリアフリー法、そしてバリアフリー新法の制定により、国内の交通機関のバリアフリー化は順調に進展していると言ってよい。

　今回の旅行で言えば、小笠原諸島を除く四つの観光地へは、いずれも羽田空港から飛行機で最寄りの空港まで行き、そこから国内線に乗り継いだり、レンタカーを借りたり、公共交通機関のバスあるいはタクシーを利用して目的地へ向かった。

1　空港と飛行機

　空港について言えば、羽田はもとより、女満別・釧路（知床）、秋田（白神）、鹿児島（屋久島）、那覇（八重山）の各空港は、パッセンジャーボーディングブリッジ（PBB）が設置されており、車いすのまま飛行機に乗ることができる。

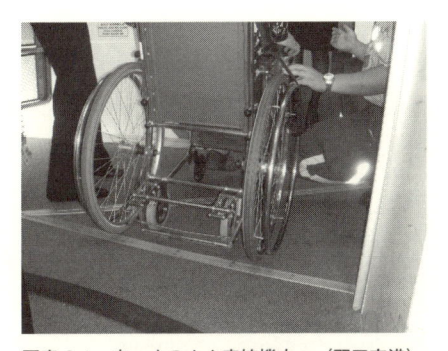

写真3-1　車いすのまま直接機内へ（羽田空港）

　またリクエストすれば、シップサイドまで自分の車いすに乗っていることができ、搭乗口で各航空会社の機内用車いすに乗り換え、座席まで移動するサービスも提供してくれる。

　各空港には多目的トイレも設置されているため、トイレの心配もほとんどいらない。空港で利用すれば、長くても羽田～沖縄間が2時間半程度なので、特に機内でもトイレの心配はいらない。

　ただし今回利用した空港のうち、上記の空

写真3-2　機内通路用車いす

第3章　バリアフリー旅行の現状と課題　77

写真 3-3　パッセンジャーボーディングリフト（PBL）（石垣空港）

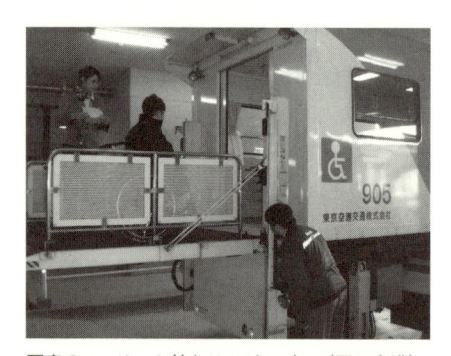

写真 3-4　リフト付きリムジンバス（羽田空港）

写真 3-5　可動式ひじ掛け

港以外の屋久島空港、石垣空港については、PBBが設置されていないため、パッセンジャーボーディングリフト（PBL）の利用が必要になる。これにはいくつか種類があるが、各空港に常設されているため、問題なく利用できる。

また羽田でも、地方の小さな空港に行く場合には、PBBの利用ではなく、沖合の駐機場に止まっている飛行機までリムジンバスで行く場合がある。今回の私たちの場合には、09年12月に行った女満別空港行きの飛行機がそうであった。このリムジンバスはリフト等がついていないため、私たちは別の車で飛行機まで行き、そのままリフトで飛行機に乗り込んだ。

今ではこうしたサービスが徹底されているので、飛行機の乗り込みについては、特に問題なく行われた。

また機内通路用車いすに乗り換えた後も、座席まで職員が丁寧に車いすを押してくれる。さらに車いすから座席に移動する場合にも、可動式ひじ掛けが設置されているため、難なく移動可能である。これもまた交

通バリアフリー法施行の恩恵である。

　交通バリアフリー法では、航空機の新規購入もしくは大規模改修の場合、座席が30席以上ある場合には、必ず通路側座席の2分の1以上のひじ掛けは可動式にしなければならないという規程があるのだ。さらには通路が2本以上ある航空機の場合には、「車いす使用者の円滑な利用に適した構造を有する」トイレの設置も義務づけられているため、飛行中にトイレに行きたくなった場合でも、利用可能である（ただしかなり狭いことは事実である）。

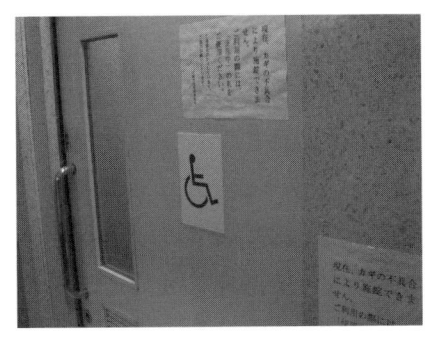

写真3-6　石垣空港トイレ（09年2月現在）

　ただしこれらの規程の法的義務は「新規購入もしくは大規模改修」の場合に限られているため、すべての航空機に適用されているわけではない。私たちが今回利用した便のうち、鹿児島〜屋久島、那覇〜石垣便は、まだ手すりが可動式になっていなかった。また車いすで利用可能なトイレも設置されていなかったが、飛行時間はいずれも短いため、特に問題なかった。また石垣空港にある多目的トイレの場合には、ちょうど私たちが訪れたときに施錠できない状態だったし、屋久島空港のトイレは、かなり狭くて使いづらかったので、注意が必要である。今後の改善を期待したい。

2　港と船

　世界自然遺産地域へのアクセスでは、船でしか行けないところもある。小笠原諸島、そして八重山の各離島へのアクセスがその例である。

　小笠原諸島へのアクセスの場合には、東京竹芝桟橋から週1便、フェリー「おがさわら丸」が運航されている。空港はないため、移動手段は船舶しかない。誰もが25時間半の船による長旅を強いられる。

写真3-7　おがさわら丸船内

　おがさわら丸が発着する竹芝港そのものはかなりバリアフリーになっており、トイレも利用可能であるが、乗船のために設置されているボーディングブリッジには5段の段差があるため、車いす利用者が一人で上下船することは不可能である。また船内にはエレベーターが設置されておらず、階をまたいだ移動は一人ではできない。

　また船内に1カ所多目的トイレがあるものの、車いす利用者が使いやすい客室は、その多目的トイレのあるCデッキより階段を11段上がったBデッキにある。そのため、トイレに行くにはこの階段を何人かで担ぎ上げないと行けない状態である。2～3時間の移動ならいざ知らず、1日以上の船内での生活になるため、トイレに行かないわけにはいかず、この移動が大変である。

　このいずれについてもフェリーのスタッフが快く手伝ってくれるので助かるが、こうした介助依存型の状況はいただけない。

　一方、石垣島離島ターミナルからの各離島への船については、船舶、港湾ともにかなりバリアフリー化が進んでいる。これは定期航路であるため、沖縄県がかなり力を入れてバリアフリー化を進めた結果である。後にも述べるが、ほとんどの港が浮き桟橋になっており、潮の満ち引きによって海面の高さが変化しても、問題なく船に乗り込むことができるようになっている。その徹底ぶりは、利用者数の多い石垣港のみならず、交通機関が船しかない奥西表の船浮港においてもバリアフリー化されており、非常に進んでいる。八重山諸島に関して言えば、船へのアクセスはどこもスムーズにできた。

　今回の調査でアクセスの際に船を利用したのは、屋久島である。ここへは鹿児島から船で行く方法がある。この場合、空港から港までバスで移動し、

そこからさらに港まで徒歩で移動、そして船に乗り換える必要がある。

この乗り換えがまず面倒である。しかも空港からのバスはリフト付きあるいはノンステップではないため、伝え歩きができない人は誰かが担いで乗るしかない。後はタクシーでの移動になってしまう。

ただし港までアクセスできれば、ターミナルそのものには多目的トイレもあり、また切符売り場も車いす対応型の低いカウンターとなっていて使いやすい。また船への乗船もスロープで簡単にできる。

写真3-8　鹿児島港カウンター　　　写真3-9　船内の車いすスペース

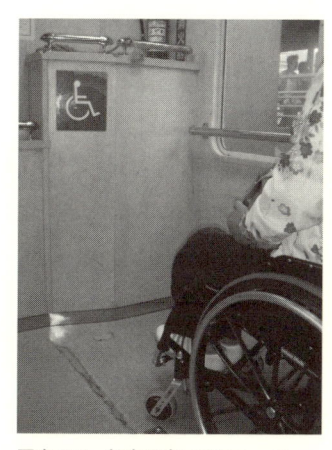

八重山諸島、そして屋久島へのアクセスで利用した船内は、基本的に車いすでも乗船可能で、大きな問題はなかった。特に八重山諸島の場合には、船内のバリアフリー化も進んでおり、車いす固定用の場所も設置されているため、かなり揺れることもあるが、危険もなく、乗船できる。

3　旅行中の移動

今回の旅では、目的の観光地に着いてからは、リフト付きバスを利用した移動を原則として、それがない場合には、レンタカーの利用あるいはタクシーやバス等の交通機関を利用して移動した。

写真3-10　屋久島リフト付きバス

　私たちが巡った観光地でリフト付きバスをチャーターすることができたのが、屋久島、石垣島、西表島、竹富島である。
　屋久島では、レンタカーと「アースリーカンパニー」というガイド会社が所有するリフト付きバスを利用した。
　島内にはバスが運行しているが、本数が限られているため、レンタカーもしくはタクシー利用が便利である。特に西部林道方面へは、バスは運行しておらず、公共交通機関を利用して行くことはできない。ただこの西部林道は、車で行くことができる世界自然遺産核心地域となっており、亜熱帯特有の照葉樹林の原生林を走りながら、屋久島ならではの風景を楽しむことができる。またヤクザルやヤクシカともかなりの確率で出会うことができるため、車いす利用者でも野生動物と近い距離で楽しむことができる。また「アースリーカンパニー」所有のリフト付きバスでは、唯一車で行くことのできる屋久杉である紀元杉を訪問したり、日本の滝百選となっている大川の滝など、ほとんど本数がないため路線バスでは移動が困難な観光地へも訪れた。やはりこうした「足」がないと島内の移動は効率的でないため、いろいろな箇所を見て回るには、必須アイテムとなる。
　八重山諸島を訪れた際にも、リフト付きバスを利用した。石垣島では、現地の旅行会社である平田観光が、計8台の車いすを固定できる大型バスを所有している。西表島では、西表島交通が2006年よりリフト付きバスを導入した。竹富島は小さい島であるが、島内の竹富島観光合同会社が、2006年よりリフト付きバスを導入。この3島すべてで利用可能である。
　これ以外の知床及び白神山地はアクセスが非常に不便であり、空港からの距離も長いため、レンタカーでの移動とした。このうち知床へ行ったとき、

女満別空港で借りたレンタカーは、助手席側のシートが回転式になっており、車いすの人でも乗りやすい福祉車両となっていた。

小笠原諸島の父島の場合には、他の観光客と一緒にツアー参加したため、移動にはチャーターしたマイクロバスを利用した。そもそも父島にはリフト付きバスが1台しかなく、

写真3-11　福祉車両のレンタカー

これは社会福祉協議会の所有のため、観光用にはチャーターできなかった。結局、普通のマイクロバスを利用したため、乗車に際しては、常におぶって乗降せざるを得なかった。こうなると介助者の負担がかなり大きく、観光地での乗り降りが大変なため、訪れる場所も限られてしまう。今後、速やかなリフト付きバスの導入が望まれる。

なお近年各地に設置されている道の駅は、どこでもバリアフリー化が進んでおり、多目的トイレがほとんど設置されているので、車で移動する際には、利用するとよい。

今回の旅で、唯一利用した列車は、白神山地を訪れた際に乗車した五能線である。私たちが乗った「リゾートしらかみ青池号」という臨時の快速列車は、全席指定である。乗車の際は、駅員が簡易式スロープを設置してくれてそのまま乗り込めたが、列車内通路の幅が狭く、座席まで到達できなかった。

他の「ぶな号」「くまげら号」については、不明であるが、乗車する場合には注意が必要である。

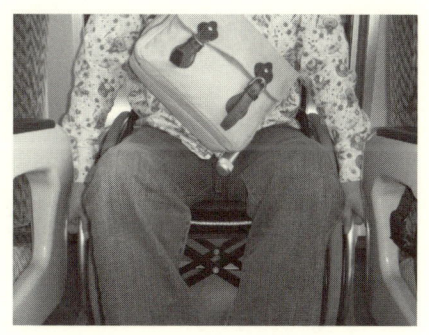

写真3-12　リゾートしらかみ青池号車内

第3章　バリアフリー旅行の現状と課題　83

4　宿泊施設

　宿泊施設についても、全国的にハートビル法、バリアフリー新法等の施行により、徐々にバリアフリー化が進んでいると言われている。私たちが訪れた世界自然遺産地域についても（実際に宿泊したところは表3-1の通り）完璧とまではいかないまでも、それほど不自由を感じずに泊まることができた。

　そのなかで、最もバリアフリー化が進んでおり、まさに「ユニバーサルホテル」とも言うべき宿泊施設が摩周湖近くにある「ピュアフィールド風曜日」である（知床からは少し外れた場所にあるが、車があれば日帰りは十分可能である）。このホテルは、あらゆる障害に対応できるように工夫がされている。

　例えば肢体不自由の人については、便座の高さや手すりの位置がさまざまなトイレが用意されている。一概に「片マヒ」といった場合にでも右の麻痺なのか左の麻痺なのかによって、必要な手すりの位置が変わってくる。ホテルのオーナーによれば、利用者にはまずどのトイレが一番使いやすいかを見てもらうとのことである。

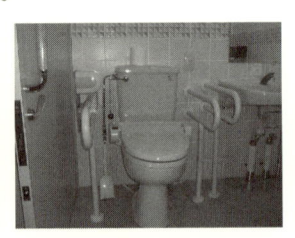

写真3-13　風曜日トイレ1　　写真3-14　風曜日トイレ2　　写真3-15　風曜日トイレ3

　また多様な障害への対応がなされていることにも特徴がある。聴覚に障害がある人は、一般的には移動については比較的スムーズにできる。

　ただ問題は「情報のバリア」、すなわち、例えば緊急時の連絡方法などである。このホテルでは、聴覚に障害のある人が宿泊する場合には、緊急通報用にバイブレーションを設置できるようになっている。もちろん視覚に障害のある人への対応もしっかりとしている。さらには砂利道や砂地でも快適に

走行できる車いすを無料で貸し出すサービスも行っている。

　また白神山地の青森県側にある「アオーネ白神十二湖」も、バリアフリーが進んでいる宿泊施設である。ここはコテージ風の独立した宿泊施設となっているが、そうした施設にしては珍しく計5棟がバリアフリー対応になっている。雨天時などは、レストランまで移動しなくてはならない不便さはあるが、一方で独立した構造になっているため、仲間でわいわい騒いだり、ファミリーで宿泊する場合には周りを気にせず利用することができるので、利用価値は高い。

　また私たちは実際に泊まらなかったが、知床半島羅臼に位置する民宿まるみは、民宿でありながら、バリアフリーの部屋があり、しかもどの部屋からもオホーツク海が見渡せ、天気がよければ国後島も一望できる絶景の地にある。大きなホテルだけでなく、こうした民宿でもバリアフリー化が進展している。

　その他基本的には事前に情報収集をし、予約の際に車いす利用者がいることを伝えておけば、大きな不自由もなく利用できた。

　ただし単純に先方が出す「情報」をホームページやガイドブック上だけで確認した場合には、実際に行ってみると状況が異なっている場合があるので注意が必要だ。

　私たちも利用したある宿泊施設では、ホームページ上ではバリアフリーのマークがついており、それだけ見れば、車いすでも利用可能と判断できる。ところが実際に行ってみると、たしかに入口だけはスロープがついており、アクセス可能になっているが、部屋は普通と特に変わらない和室しかなく、また風呂、トイレについても、何とか利用できるようにはなっているが、非常に使いづらい。やはり事前にどのような施設設備があるのか、しっかりと確認した上で予約しないと、実際に行ったら使えなかったということにもなりかねないので、注意が必要である。

　先に紹介したピュアフィールド風曜日は入浴施設も充実しており、風呂に

はリフトがついている。

　障害のある人との旅行中、介助者が同行する場合、介助の負担をどうやって軽減するかは大きな課題である。いくら事前に情報を得ていても、どうしても介助せざるを得ない場合も少なくない。後にも述べるが、特に入浴設備はバリアフリーになっていることが少ないため、入浴の介助は大きな負担になることが多い。その点このホテルは、リフトがついているため、介助者に負担をかけることなく、入浴を楽しむことができる。そのことはイコール、介助される側の負担（身体的・心理的）を軽減することにもつながる。

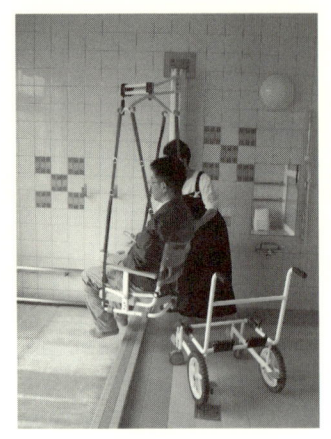

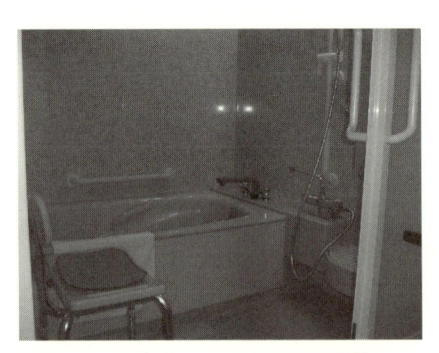

写真3-16　風曜日 風呂リフト

　他のホテルでもバリアフリールーム（ホテルによって言い方はまちまちである）と銘打っている部屋がある場合には、段差のない入口、手すり、シャワーチェア、可動式のシャワーなどが用意されている風呂がある。例えば知床プリンスホテル風なみ季や石垣島のホテルイーストチャイナシーなどのバリアフリールームがそうである。

写真3-17　知床プリンスホテル BFR 風呂

　ところで旅行に行った際には、このような部屋にある浴室ではなく、露天風呂や大浴場につかってのんびりしたいと思うのは多くの人の欲求であろう。ただし多くの場合、大浴場までバリアフリーになっていることはまだまだ少ない。

　それでもいくつかのホテルでは、大浴場までのアクセスに工夫がされてお

り、スロープやエレベーターで行くことができる。またシャワーチェアやシャワーキャリーが用意されているだけでも、こうした大浴場を利用することができる人はかなり多くなるし、介助者にとっても大きな負担減となる。

特にシャワーキャリーは、今後ホテル等で常備してもらいたいアイテムの一つである。例えば知床グランドホテル北こぶしでは、大浴場にこのシャワーキャリーが常備してあるため、大浴場での使用が可能である（ただし露天風呂まで行くには階段があるため、車いすでは行けない）。

また知床第一ホテルでは、大浴場は入口からすぐのところにかなりの段差があるため、車いす利用者は利用できないが、家族風呂は貸しきりで優先的に利用することができる。かなり広い家族風呂であり、シャワーキャリーも常備しているので、例えば夫婦2人で利用する場合、そのうち1人が車いす利用者で、もう1人が介助する場合には、かなり便がいい。たとえハード面でのバリアがあっても、こうした配慮がされているだけで、旅行をあきらめていた人が、旅行を楽しむことができるようになるのである。

また今回の旅行で入浴関係において最も感激したのは、屋久島にある平内海中温泉である。

この温泉は、満潮のときだけ風呂になるという、珍しい露天風呂で、周辺に更衣室も何もない、天然ののどかな露天風呂である。普通宿泊施設でない場所にある露天風呂や地元の人が利用する共同風呂は、バリアフリーでないことがほとんどである。しかしこの平内海中温泉は、駐車場から露天風呂まで、コンクリートのスロープ状の道になっており、風呂のすぐ近くまで車いすで行くことができる。野趣あふれたこの風呂へは、ぜひ訪れることをお勧めしたい。ただし混浴であり、かつ更衣室もなく、満潮

写真3-18　平内海中温泉

ときだけ入浴可能であることをお忘れなく。

この屋久島ツアーの際には、鹿児島空港にあった天然温泉足湯「おやっとさあ」も利用した。この足湯は車いす対応となっており、観光案内所のカウンターで座面が下がる車いすを無料で貸し出してくれる。

これに乗ると、車いすに乗ったまま足湯を楽しむことができる。足湯のサービスは他にもあったが、車いす利用者がつかろうと思うと、かなり大変である。こうしたサービスは非常に嬉しいものである。

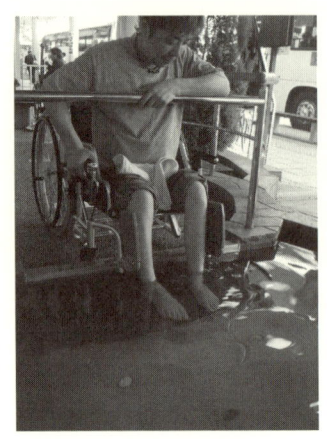

写真 3-19　鹿児島空港足湯

5　観光地・アクティビティ・レストラン

　次に車いすでも利用可能な、観光地、アクティビティ、レストランについて、私たちが訪れた世界自然遺産地域を北から順に紹介する。詳細な情報については、第1章と合わせてご覧いただきたい。
　まずは知床。代表的な知床の観光スポットと言えば、知床五湖と夏の知床観光船及び冬の流氷観光砕氷船である。
　このうち知床五湖については、2006年4月より、バリアフリー木道が設営され、車いすでもアクセスが可能になった。この木道は、2010年4月には、一湖まで延伸され、今まで車いすでは行くことができなかった一湖を一望できる展望台が設置される予定である。この木道設営の経緯については、第4章第2節でも詳述する。
　またもう一つ、海上から知床半島を一望できる知床観光船は、ウトロ港から夏のみの運航である。ただしこの観光船は港湾、船内ともにバリアフリーでないため、乗船には車いすごと担ぎ上げなければならず、混雑時は利用を

断られることもある。冬のみの運航で、網走港から出港する流氷観光砕氷船「おーろら号」も同様で、今まで車いす利用者の利用は不可能ではなかったが、かなり厳しかった。

ところが、網走港では、2009年2月に海の駅が新しく完成。このターミナルから直接車いすでも乗船可能となった。またウトロ港においても、現在新港の建設が進められており、近い将来、車いすでもスムーズに上下船ができるようになる予定である。こうした不定期航路の港については、定期航路のある港とは異なり、バリアフリー新法上もバリアフリー化を図る義務は生じない。よって国や自治体からの補助金も特にないのだが、私たちが行ったインタビューによれば、時代の流れを受けて、観光船を管理する道東観光が設置に踏み切ったそうである。

白神山地では、何と言っても「岳岱自然観察教育林」である。秋田県側のシンボルツリーとなっている「四百年ブナ」へは、以前までは車いすでのアクセスは不可能であった。そのため、要望がある場合には、ガイドがおぶって行っていたそうである。それが2007年7月、バリアフリー木道の完成により、車いすでもアクセス可能となった。

一方青森県側のシンボルツリーである「マザーツリー」も車いすでアクセス可能である。このどちらの駐車場にも多目的トイレが設置されている。こんな山奥にも車いすで利用可能なトイレがあることには、驚かされる。

写真3-20　四百年ブナとバリアフリー木道

その他、十二湖周辺のブナ原生林も車いすで楽しむことができる。十二湖の中でも一番有名な「青池」へは、池全体を見渡せる展望台に向かう最後の場所が階段になっているため担ぎ上げなければならないのは残念である。ま

写真 3-21　スロープカー乗降口

た白神山地と日本海を一望できるウェスパ椿山にある展望台もバリアフリーになっている。ここに行くには、スロープカーを利用するが、段差なく乗車可能である。

屋久島の観光地では、西部林道、大川の滝、紀元杉などを楽しむことができるが、私たちが最も感激したのはウミガメの産卵である。

日本で一番ウミガメの上陸数が多い永田浜では、完全予約制でまずウミガメの生態について研修を受ける。その後、ウミガメの上陸を待って、その連絡があると、静かに全員、海岸に降りて、ウミガメの産卵地まで移動する。海岸の砂浜まではスロープ状になっているため、車いすでも移動は容易であるが、後は運任せ。砂地のため車いすでの移動はかなり力を要するので、近いところに産んでくれれば楽であるが、遠いところに産んだ場合には、かなり困難となる。でも車いすに乗ったまま、ウミガメのお母さんのわずか30cmのところで見学できるのは、圧巻である。ぜひお楽しみいただきたい。

ただし時期は5月〜7月に限られており、写真撮影も不可である。また2010年度の観察会の詳細は現在検討中とのことなので、実際に行かれる場合には、事前にしっかりと情報を確認してからにしていただきたい。

八重山諸島では、先にも書いたが、島内の移動はリフト付きバスで、島間の移動はバリアフリーの船で移動した。観光地では、完全にバリアフリーのところは少ないものの、竹富島は、赤瓦の島内をゆっくりするだけでも心地よい。地面は珊瑚の砂でできているため、掃除がされていないところでは、多少動きづらいところもあるが、車いすでも十分に移動可能である。星砂で有名なかいじ浜も近くまでアクセスできるので、後は砂浜を力任せに押すだけである。

西表島では、これまた多少の介助が必要であるが、マングローブ林をめぐる仲間川遊覧の観光船は車いすのまま乗船可能。川をさかのぼって向かう日本最大のサキシマスオウノキへも、多少の段差があるものの、木道が設置されているため何とか行くことができる。奥西表の船浮に向かう「ちむどんどん号」も乗船可能である。すぐ間近でマングローブ林を見ることができ、浅瀬にいるガザミや海を悠々と泳ぐウミガメなどの生物も見ることができる。また有名な由布島の水牛車も乗ることができる。

写真 3-22　由布島水牛車

　観光船にしろ、水牛車にしろ、まったくのバリアフリーではない。しかし共通していることは、どこでもスタッフが何のてらいもなく、自然と手助けをしてくれることである。こちらから頼まなくても、自然と手が伸びてきたり、嫌な顔をしないで、快く手助けをしてくれる環境が八重山にはある。まさにホスピタリティの島である。

　次に一歩進んで、世界自然遺産地域をもっと積極的に楽しむためのアクティビティを紹介しよう。世界自然遺産を巡る旅のなかで私たちは、車いすでも楽しめるアクティビティにチャレンジしてきた。そのなかでも印象的だったのは、カヌーである。同行した佐藤さんは座位が取れるので、いろんなところでカヌー（カヤック）を楽しむことができた。

　屋久島では、シーカヤックに挑戦した。屋久島では普通、安房川でのリバーカヤックが一般的であるが、こちらは川に降りるまでにかなりの段差がある。そこでリフト付きバスを借りた「アースリーカンパニー」に交渉してもらい、地元漁協の協力もあって、普段は利用していない港から乗り込んだ。ここは直接海にスロープで入ることができるので、バスで海面すれすれまでアクセスし、後は車いすからカヤックに乗り込むことができれば、万事OK

である。海側から臨む屋久島は大きく、新しい屋久島を発見することができた。

知床にもシーカヤックのツアーはあるが、こちらは経験者向きなので、初心者は無理。ただウトロ側の峰浜において、知床ナチュラリスト協会がシーカヤックを行う予定を立てているので、近い将来知床の海でもシーカヤックを楽しむことができるようになるかもしれない。現在ここには「カフェ・パス」というオシャレなレストランがある。もちろんここは車いすでアクセス可能である。

写真 3-23　釧路川カヌー

知床から釧路空港に向かう途中にある屈斜路湖から釧路川にかけてもカヌーツアーを行った。先に紹介した「風曜日」のオーナーの紹介で、「リバー＆フィールド」が主催するカヌーツアーに参加した。この会社は、以前知り合いの脳性マヒのお子さんからカヌーに乗りたいという希望をきき、手作りの「座席」を設置して、その希望を叶えたという。その「ひと工夫」によって、座位があまり安定しない人でも乗ることができるようになった。

湖面近くまでは草地を車いすで行き、後は抱え上げてカヌーに乗り込む。湖もさることながら、穏やかな流れの釧路川をカヌーで下っていくのも最高である。

その他、釣りにもチャレンジした。小笠原では、釣り船に乗って外洋に繰り出し、海上フィッシングを行った。まさに入れ食い状態で、釣りを楽しんだ。白神では、ホテルの厚意で、朝方近くの埠頭から釣り糸を垂れた。それほど大きい魚ではなかったが、いっとき釣りを楽しむことができた。

釣りではないが、知床ではサケの遡上を見ることも可能である。遠音別川（おんねべつ）

では、秋になると川を真っ黒に埋め尽くすサケの遡上が見られる。ただし川岸までは階段が10段ほどある。サシルイ川は、駐車場から土の坂道を車のまま降りられるので、目の前で見ることができる（川辺は砂利道）。知床から少し離れるが、標津（しべつ）サーモンパークでは、館内はバリアフリーとなっており、魚道水槽や橋の上から遡上を観察できる観覧橋がある。

　また車いすのままでは乗り込めないが、条件がよければ羅臼側でのホエールウォッチングも可能である。日本において手軽にホエールウォッチングができるのは、小笠原とここだけだと言われており、その他貴重な野生生物の種類や数で言っても、知床は日本で最も野生生物を見ることができる場所と言って過言ではない。そのため近年、知床の新しい観光資源として注目を浴びている。ただし、今のところバリアフリー化されていないため、車いすでの乗船は難しい。

　続いて「食」である。旅行の楽しみの一つは、旅行先ならではの新鮮な特産物を食べることである。その点では、観光中の食事も現地ならではの食を楽しみたいものである。

　とはいえ、道の駅やホテルのレストランなどはバリアフリー化が図られているものの、素朴だがおいしい料理を出してくれる地元の店となると、車いすでのアクセスが困難な場合が多い。

　そんななか、私たちがみつけたバリアフリーの隠れた名店をいくつか紹介する。なおこれらの店は第1章でも紹介しているので、そちらも参考にされたい。

　知床に行った際にみつけたのは、バリアフリー回転寿司の店「月」である。ここではオホーツクの新鮮なネタをふんだんに使った寿司を食べることができる。店内には車いすも用意され、入口から座席までフラットになっている。店の内装の基調に合わせた和風の多目的トイレもオシャレである。車いすのままカウンターにつき、回ってくる寿司を取ることができる。知床では、特

産物ではないが、斜里からウトロに向かう途中の峰浜にある「カフェ・パス」も素敵だ。大きな掃き出しの窓からはオホーツク海が見渡せ、地元の魚介類を使ったメニューも豊富。手作りケーキもおいしい。

　白神山地では、お店ではないが、ホテルゆとりあ藤里で作ってくれたおむすびが最高だった。静寂のブナ原生林の中でおむすびを頬張る。最高のひとときである。

　屋久島では、周回道路から少し入ったところにある「のどか」をお勧めしたい。屋久島では唯一の完全バリアフリーのレストランである。まだ地元の人しか食べに来ないというまさしく隠れ家的名店。多目的トイレもあるので安心だ。一方ガイドブックにも載っている有名な「茶屋ひらの」は、屋久島の自然素材で作る「屋久然料理」を出してくれる。多少入口が狭く、ちょっとした段差があるが、容易にアクセスできる。ただしトイレは狭いので注意が必要。

　八重山では、奥西表の船浮集落にあるレストラン「ふねっちゃーぬ家」がお勧め。西表ならではの食材を使った「むかしごはん船浮三昧」が食べられる。

　竹富島に新しくできたガーデンあさひも、店内がフラットで、多目的トイレもあり安心して利用できる。

　以上、私たちがこの５年間に回った世界自然遺産地域におけるバリアフリーの状況を、交通・宿泊・観光地の三つのポイントからみてきた。

　これをみればわかるように、概して車いす利用者にとって利用可能になっている部分が多い。もちろんまだまだ完全にすべてが利用可能になっているわけではないため、今後の改善が望まれる部分もあるが、法的整備が進展するなか、かなりの部分でアクセシブルになってきている状況がみて取れる。

第2節　バリアフリー旅行は停滞している

1　二つの施設にみるバリアフリー旅行の実施状況の推移

　第1節では、世界自然遺産地域を実際に巡りながら、障がいのある人びと、特に車いす利用者の旅行をめぐる環境が改善されつつあることを述べてきた。ただこうしたハード面での環境整備は進んでいるが、そのことでイコール障がいのある人の旅行が普及していると言えるのであろうか。つまり障がいのある人の旅行は増えてきているのであろうか。

　実はこの問いに正確に答えることは非常に困難である。第1節でも触れたように、障がいのある人びとの旅行の実態を正確に把握するデータが存在しないからである。

　そこでこの節では、障がいのある人びとが利用している福祉施設において、旅行がどのように行われ、どう変化してきているのかについて、その現状と課題を明らかにすることによって、バリアフリー旅行の現状を把握してみたいと思う。

　その際、特に念頭においているのは、障がいのある人びとに関わる福祉施策や制度と旅行の実施状況の関係についてである。ここのところ、障がいのある人びとをめぐる施策や制度は大きく転換してきている。それは大きくとらえるならば、措置制度の時代から、2003年の支援費制度の導入、そして2006年4月からの障害者自立支援法の施行という流れということになる。このそれぞれの時期を通して、障がいのある人びとが利用している福祉施設でのバリアフリー旅行がどのように変化してきたのか（あるいは変化してこなかったのか）について明らかにしようと考えている。

　こうしたテーマを設定するにあたっては、障がいのある人びとが利用する

施設における余暇活動が、福祉施策や制度との関連においてだんだんと縮小されてきているのではないかという問題意識がある。すなわちノーマライゼーションや福祉文化が唱えられ、そしてまた福祉のまちづくりや、公共交通機関あるいは不特定多数の人びとが利用する施設におけるバリアフリー化が進んでいる一方で、特に福祉施設を利用する障害のある人びとの実際の生活において、「余暇活動」がそれほど豊かなものになっていないのではないかという認識がある。

　その背景には、もちろん福祉のあらゆる分野において貫徹されつつある「受益者負担」、「自助自立」の考え方がある。つまり国だけでなく、地方自治体においても財政が悪化しているなかで、あらゆる分野で福祉サービスの切り詰めが行われている。2006年4月に施行された（完全実施は同年10月）障害者自立支援法にしても、その背景には、支援費制度そのものの財源の破綻がある。こうしたなかで福祉サービスに投入される公的資金も厳格に切り詰められ、それまで行われてきたさまざまなサービスが削減される方向になっているのではないかと考えている。

　一方で障がいの有無に関係なく、旅行を含めた「余暇活動」の大切さ、重要性が叫ばれるなか、結局「受益者負担」、「自助自立」という理念が浸透することによって、障がいのある人びとの生活は、文化的生活の保障にまで至るどころか、生存のための最低限の保障のレベルに後退しているのはないだろうか。

　こうした認識あるいは問題意識が正しいかどうかを確かめるために、余暇活動の一つである「旅行」が、障がいのある人びとが利用している福祉施設においてどのように行われてきたのか、そして今後どうなっていくのかについて詳細に検討していきたい。

　そこでまず、パイロット調査的に、上記3時期すべてにわたって「旅行」という余暇活動を継続して行ってきている施設を選択し、その施設における「旅行」の実施状況の変遷を詳細に検証することで、「旅行」という余暇活動

が、それぞれの時期においてどのように変化してきたのか（してこなかったのか）について、考えることにした。実際には、以下のA・Bの2施設においてヒアリングを行った。

　まずA施設の概要を紹介する。この施設は身体障害者通所授産施設として、1998年に開設された。この施設の特徴は、特に重度の障害のある人が利用していることである。種別としては身体障害者授産施設であるが、大部分の利用者は知的にも障害があり、また肢体不自由だけでなく、視覚、聴覚に障害のある人もいる。

　A施設では、開設の年（98年）には宿泊行事の計画はなく、一日のバス旅行の実施のみであった。しかし2年目以降は現在に至るまで、毎年施設として宿泊を伴う旅行を実施している。ただし2年目のみ、職員の支援に不安があることから1泊の旅行を実施し、その際、事前に施設を利用しての合宿を行った。3年目からは、利用者の方々の健康管理や生活をしっかりととらえるなかで、また家族の方々のレスパイトにもなるとのことから、原則2泊3日の旅行を毎年実施している。1年間に2〜3回の泊まりを伴う旅行を実施して、施設の利用者は全員そのいずれかに参加している。なお旅行の実施の詳細については、表3-2を参照していただきたい。

　また旅行の費用負担については、これまで利用者の自己負担は0円である。すべての利用者に関わる旅行費用だけでなく、付添の職員及びボランティアの旅行に関わる人件費等も、施設の予算から支出している。ただし1泊の宿泊費上限を9800円とし、有料見学場所は旅行中1カ所、利用者昼食費は上限1回1050円、付き添い職員はボランティアも含め、1対1を上限とし、ボランティアには1日3000円の謝礼を支払うというルールでずっと行ってきている。

　すなわちこのA施設における「旅行」実施の方針は、「2泊3日」、「全員参加」、「自己負担0円」というキーワードにまとめられる。

表3-2　A施設における旅行状況一覧

実施時期	旅行先	泊数	交通手段	利用者経費	旅行目的	参加者数	付き添い数
1999年7月	山梨県明野村	1泊	1	50000円	1・4・8	16人	13人
1999年10月	神奈川県横浜	1泊	4	50000円	1	12人	14人
1999年11月	群馬県渋川	1泊	1	50000円	9	15人	17人
2000年5月	山梨県山中湖	2泊	1	50000円	1・4・7	18人	16人
2000年6月	栃木県那須	2泊	1・3	50000円	1・5・7	13人	15人
2000年9月	茨城県大洗	2泊	1・3	50000円	1・4・5	15人	17人
2001年6月	東京都晴海	1泊	1・3	50000円	1・4・5	19人	17人
2001年7月	茨城県筑波	2泊	1・3	50000円	1・4・5	15人	17人
2001年10月	栃木県宇都宮	2泊	1・3	50000円	1・5・8	13人	15人
2002年5月	栃木県宇都宮	2泊	1・3	50000円	1・4・5	18人	16人
2002年6月	栃木県宇都宮	2泊	1・3	50000円	1・4・5	16人	18人
2002年9月	栃木県宇都宮	2泊	1・3	50000円	1・4・8	13人	15人
2003年9月	栃木県那須	2泊	3	50000円	1・4・5	8人	10人
2003年9月	埼玉県春日部	2泊	1・3	50000円	1・4・8	19人	18人
2003年10月	東京都	1泊	1	50000円	1・6	10人	12人
2003年10月	栃木県那須	2泊	1・3	50000円	1・4・5	13人	15人
2004年6月	千葉県鴨川	2泊	3	50000円	1・4・5	9人	11人
2004年8月	群馬県新治村	2泊	1・3	50000円	1・4・5	18人	18人
2004年9月	千葉県鴨川	2泊	3	50000円	1・4・5	8人	10人
2004年10月	千葉県千葉市	2泊	3	50000円	1・4・5	13人	15人
2005年6月	茨城県涸沼	2泊	1・3	35000円	1・4・5	13人	15人
2005年9月	千葉県勝浦	2泊	1・3	35000円	1・4・5	18人	18人
2005年9月	栃木県塩原	2泊	3	35000円	1・4・5	9人	10人
2006年3月	新潟県湯沢	2泊	3	35000円	1・4・7	9人	11人

※表中の番号は以下の通りである。
交通手段　1．貸し切りバス　2．路線バス　3．施設の車　4．電車・列車　5．飛行機
　　　　　6．船　7．タクシー　8．その他
旅行目的　1．交通・親睦を深めるため　2．リハビリテーションのため　3．家族のレスパイトのため
　　　　　4．気分転換のため　5．純粋に楽しみのため　6．教養を身につけるため
　　　　　7．雄大な自然を楽しむため　8．社会生活訓練のため　9．その他

まず費用面での推移についてみてみる。

このＡ施設では、上記のようなルールに基づきながら、施設全額負担で原則２泊３日の旅行を実施してきた。特に措置費の時代には、かなり自由に宿泊先や旅行方法を決めていたが、2003年４月に支援費制度が導入されて以降、施設全体の収入が減少し、旅行にかかる経費を抑える必要が出てきた。何とか宿泊数（２泊）を維持するために、貸し切りバスの利用から施設保有のバスの利用、より安い宿泊施設の利用（ホテルの空きを利用するなど）、見学コースの吟味などによってコストダウンを図り、旅行の内容や質を落とさない方向で実施してきた。また施設全体で行う宿泊を伴わない外出旅行については、それまでバスをチャーターして行っていたが、これを中止、個別の外出に振り替え、公共交通機関を利用することで、経費を抑え、浮いた予算を宿泊旅行に振り分けてきた。

　しかし、さらに支援費単価が下がるなか、こうしたコスト削減の努力も限界となり、2005年４月からは自治体からの個人への旅行補助制度を活用することで、利用者１人あたりの経費を５万円から３万5000円に落とし、何とか旅行を実施した。

　しかしながら、2006年４月からの障害者自立支援法の施行に伴い、例えば月額精算から日額精算への切り替え、長期入院者への対応も８割支払われていたものが、０円となるなど、１年間の施設収入が合計で1200万円近く減少する予定となった。特にこのＡ施設においては、重度障がいのある人が多いため、定員に対して約12％程度の空きがあり、日額計算への切り替えに伴う減額の幅は大きかった。そのため、さまざまな部分でのさらなるコスト削減を迫られた結果、2006年度は、２泊の旅行については実施が不可能となり、１泊で計画、しかも昼食費は本人負担とし、１人あたりの旅行経費を２万円にまで落とさざるを得なくなってしまった。

　しかし、このＡ施設の利用者の保護者へのアンケート調査では、多くの人が２泊３日の旅行を希望している。ただし２泊で実施することになった場合には、昼食費だけでなく、宿泊費についても自己負担となり、そうなると

希望者のみの参加という形になる可能性も出てきている。つまり今まで継続的に行ってきた「2泊3日」、「全員参加」、「自己負担0円」という原則が、崩れていく可能性が高くなったということである。

次に旅行の目的から、この間の推移をみてみる（詳細については表3-2参照）。このA施設における旅行目的については、当初より一貫して「交流・親睦を深めるため」、「気分転換のため」という項目が選択されており、主に施設での昼間の単調な作業の連続という状況を変えるために行われていることがわかる。

その一方で、当初あげられていた「社会生活訓練」という目的がここ3年間では選択されず、代わって「純粋に楽しむため」、「雄大な自然を楽しむため」といった項目が選択されている。このことはこのA施設における旅行が、普段の生活の延長線上にあるというより、純粋に旅を楽しみ、自然を愛で、交流を深めるという方向に変わってきていることがうかがえる。

上記のように費用面においては、制度の変遷に伴う収入減により、開設以来行ってきた「利用者負担0円」、「2泊3日」、「全員参加」を原則とした旅行を今後も維持していくことは困難である。この状況は、単に「旅行」の質と量の維持ということだけにとどまらず、施設利用者の余暇活動全体にかける予算の削減にまで及んでいる。

表3-3はこのA施設における教養娯楽費の総額の変遷を示したものだが、これをみても、かなりの割合でこの科目の金額が減少していることがわかり、

年度	教養娯楽費	宿泊行事	バス外出
2001年度	¥4,229,247	3回	6回
2002年度	¥3,131,133	3回	6回
2003年度	¥3,508,874	4回	3回
2004年度	¥3,364,634	4回	1回
2005年度	¥2,894,000	4回	0回

表3-3　A施設における教養娯楽費の変遷

今後、旅行だけでなくその他娯楽活動に割ける予算が増加することは望めない。

　支援費制度導入以後のさまざまな経費節減の努力や個人の補助金の利用などによって、それまでの旅行の質やレベルを何とか確保してきたが、障がい者自立支援法の施行に伴い、それも限界となり、1泊2日へ移行をせざるを得ない状況となっていることがわかる。

　特に施設で旅行を計画する際には、疲れすぎない日程の工夫（バスの乗車時間、休憩時間の確保、体を伸ばせる場所の確保）や急病時の対応（医療機関の確保、消防署への協力依頼、看護師の参加）、さらには職員が過剰労働にならないための態勢の確保（人、休憩、当直態勢など）が必要である。しかし、経費を削減すると、どうしてもこうした注意点をカバーすることが不可能となり、利用者満足、職員の充足感が得られるような旅行の実施がかなり困難となる。

　こうした状況の背景には、まさに現在の福祉のあらゆる分野に貫徹されつつある「受益者負担」の原則があると考えられる。障がいのある人が「旅行」という「余暇活動」を行うにしても、それはあくまで「ぜいたくなこと」であり、そのコストは楽しみを享受する本人が負担すべきであり、その余裕がない場合には、楽しむことができなくても仕方がないという考え方が横たわっている。

　しかし障がいのある人の「旅行」には、さまざまな意味でのメリットが期待できる。このA施設でのインタビューでは、利用者・家族にとっての効果として以下の7項目が、職員にとっての効果として以下の4項目が挙げられた。

〈利用者・家族〉
①日常とは違った環境で、仲間と一緒に生活することで親睦が得られる。
②知らない土地への興味・関心が高まり、期待感へとつながり、満足感が高まる。

③リフレッシュの機会となる。
④家族の休養の機会となり、保護者同士での旅行企画など、親睦・交流機会の提供となる。
⑤社会体験の機会となる。
⑥職員との信頼関係を深める機会となる。
⑦施設外の人との交流機会の提供
〈職員〉
①利用者の生活実態の把握
②利用者との信頼関係
③職員間の共同関係の高まりの機会
④利用者支援のスキルアップの機会

　こうしたメリットを確保するためにも、今後は施設における旅行の質・量のレベルを下げずに、どのように行っていくのかを考えていかなければならない。

　次にB施設の概要を紹介する。この施設は1990年、親の会が行っていた活動を引き継ぐ形で自治体が設置した施設で、現在では社会福祉協議会が自治体からの委託を受けて、運営している。具体的には二つの施設があり、一つは1990年に、もう一つは2000年に開設、身体に障がいのある人だけでなく、知的、精神に障がいのある人も含め、さまざまな利用者が利用している通所の作業所である。定員は二つ合わせて38名、2006年3月現在で31名が利用した。作業内容としては、クラフトや、さをり織り、クリーニング、資源回収などで、月平均約6000円程度の工賃で作業を行っている。特に重度の人は、ポスティングなどの作業を行っている。

　この施設の特徴は、支援費制度によらず、すべて自治体の予算の中で運営されている点である。すなわち施設の利用料は0円である。ただし給食はないため、弁当は各自持参している。

この施設で行われている旅行については表3-4のとおりである。

表3-4 B施設における旅行状況一覧

実施時期	旅行先	泊数	交通手段	利用者経費	旅行目的	参加者数	付き添い数	補助金	実施上の問題点
2002年3月	那須サファリパーク	1泊	1	12000円	4・5・8	25人	16人	あり	1・4
2002年7月	日光今市市周辺	1泊	1	4000円	4・5・7・8	25人	15人	あり	特になし
2003年2月	東京ディズニーリゾート	1泊	1	12000円	4・5・8	26人	18人	あり	6
2003年7月	千葉県九十九里	1泊	1	4000円	4・5・7・8	25人	16人	あり	1
2004年2月	日光江戸村	1泊	1・4	12000円	4・5・8	27人	16人	あり	4
2004年7月	静岡県河口湖	1泊	1	4000円	4・5・7・8	25人	16人	あり	2・4
2005年1月	横浜中華街・みなとみらい	1泊	1・4	12000円	4・5・8	28人	18人	あり	2
2005年6月	愛・地球博	2泊	1	16000円	4・5・8	26人	15人	あり	特になし

※表中の番号については、「交通手段」「旅行目的」は表3-2参照。
実施上の問題点 1. 旅を計画するための情報が不十分 2. 移動に不便を感じた
3. 体力的に無理があった 4. 観光地・宿泊施設等の受入態勢が不十分
5. ボランティア等の人の確保が大変だった 6. 費用がかかりすぎた
7. 事故が起きたときの対応が大変だった 8. その他

　これ以前にも行われていたが、詳細な資料が現時点では入手できていない。宿泊旅行については基本的に年2回の実施で、夏に宿泊訓練もかねてキャンプなどの野外宿泊活動を1泊で、冬にホテルや旅館を利用し、温泉や遊園地などを訪れる研修旅行を1泊で行ってきた。ただし2005年度については、「愛・地球博」の開催に伴い、是非とも行ってみたいとの思いから、年1回の実施とし、その分2泊旅行とした。

交通手段は以前は自治体のバスを安く利用していたが（ただしこの自治体のバスも2006年度に廃止）、参加人数の増加とともにそれが困難となり、ここ数年は貸し切りバスをチャーターしている。旅行の自己負担分については、原則1人あたり夏が4000円、冬が1万2000円で、この差は、夏はキャンプ場のロッジなどの安い宿泊施設に泊まっているため生じている。原則として全員参加が基本で、利用者の方は、大変楽しみにしている行事の一つとなっている。

　まず費用面からみてみる。費用面に関していえば、自己負担は夏の旅行が4000円、冬の旅行が1万2000円で推移しており、この額に変更はない。またこれ以外に、自治体からの補助として、2005年度に関して言えば、年間で約145万円の予算がついている。この予算は施設利用者の旅費等の補助および引率職員の旅費等に使われている。

　ただし、2006年度からは旅行にかかる予算が削減され、宿泊旅行については、夏の旅行が廃止となり、1回分の予算しかつかなくなってしまっている。

　旅行形態及び実施方法については、2003年の「東京ディズニーリゾート」から大きく変化してきているようである。それまでは団体旅行の形態をとり、「原則として全員で同じところを同じ時間だけ見て回る」、「移動時間は2時間以内とする」、「あまり人の多いところには行かない」といった了解のなかで、旅行を実施してきた。

　しかし、この頃からメンバーの意見をとり入れるようになったこと、観光地（あるいは旅行目的地）では団体旅行ではなく、できるだけグループ単位での旅行を行うようにすること、2時間以内という移動の制限もなくすこと、人が多く集まるような場所へのチャレンジや、海への旅行といったリスクの高い旅行も行うことなど、旅行形態そのものも多様になるとともに、利用者メンバーの主体性を尊重するようになってきたという。その第一弾が「東京ディズニーリゾート」の旅行である。その後、九十九里（2003年7月）、河口湖（2004年7月）、横浜中華街（2005年1月）、「愛・地球博」（2005年6月）

など、旅行内容も多様になってきているのがわかる。なお横浜中華街の旅行から、保護者も参加するようになった。ただし家族同士は同じグループに入らず、純粋に参加者みんなで旅行を楽しむという方法をとっているそうである。

こうしたB施設最大の行事で、利用者の方々も大変楽しみにしているという旅行を、より充実したものにする努力をしている一方で、それ以外の余暇活動については、予算削減のあおりを受けて、かなり縮小する方向性になっている。例えば年2回行われてきた買い物行事については、2005年には1回、2006年にはなしになった。また月1回行われてきた調理実習は2005年度から全額自己負担での実施に、また茶道・音楽など外部講師を招いてのレクリエーションも月1回ずつ行ってきたが、これも廃止となった。また社会科見学をかねた日帰り旅行についても年1回実施してきたが、2006年度には廃止。月1回の誕生会も2006年度からは廃止となった。

上記にみたように、このB施設においても、旅行という行事は、これまでその内容の充実を図ってきたが、2006年度から2回実施から1回実施になり、またそれ以外の余暇活動についても、明らかに回数が縮小され、実施するものについても自己負担となる。利用者や保護者の要望が強く、双方ともに楽しみにしているにもかかわらず、どうしてこのような方向性になるのだろうか。

前述したが、このB施設は、自治体の委託を受けて社会福祉協議会が運営をし、その運営は自治体予算で行われている。そのためまず自治体予算そのものの財政事情が厳しくなってきているなか、福祉に関わる費用も見直しが必要とされてきている。そのなかで、いわゆる「余暇活動」については、直接作業所の行う目的とは違うとの判断から、予算確保が厳しい状況になってきている。そのため他の余暇活動の予算を切り詰めることで、何とか「旅行」にかかる1回分の予算だけは確保しているという状況である。

一方でこうした余暇活動の縮小については、指定管理者制度の発足も、そ

の背景にある。2003年6月の地方自治法の改正に伴い、現行の管理委託制度は廃止され、2006年9月までに、社会福祉協議会などに管理を委託している事業は指定管理者制度に移行するか直営に戻すかが迫られた。このなかでB施設も社会福祉協議会が指定管理者となるようにするため、何とか努力をしたのだが、その際予算案を作成する段階で、サービス内容を充実し、日々の活動の充実を図りたい一方で、「作業所」としての「本来」の目的である「授産活動」以外の部分については予算を削らざるを得ない状況であったようである。

　最終的には、従来どおり社会福祉協議会が指定管理者として5年間運営することが決まったが、今後の福祉サービスの内容がどうなっていくかについては予断を許さない。

　ここまで上記二つの障がいのある人びとの利用施設におけるバリアフリー旅行の実施状況について、特に障害者関連施策との関係を分析した。
　まとめると、少なくともこの2施設においては、障害者関連施策の変遷あるいは自治体の財政事情の悪化とともに、余暇活動の一つである「旅行」の実施が、以前に比べて質・量ともにレベルを維持するのが難しくなってきていることが明らかになった。また「旅行」以外の余暇活動についても、同様の傾向があることが見えてきた。
　その一方で「旅行」を実施することの効果については、本人や家族、そして施設職員の側にもさまざまなメリットがある。
　それではこうした状況は、一般的なものとして進行しているのか。それとも一部の施設のみにとどまっている傾向なのか。次に埼玉県内の障がいのある人びとの利用施設に対して行ったアンケート調査をもとに、そのことを明らかにしていきたい。

2　福祉施設におけるバリアフリー旅行の実態調査
　──埼玉県内福祉施設に対するアンケート調査より──

　果たして福祉施設におけるバリアフリー旅行はどのように変化しているのか。このアンケートは、障がいのある人びとが利用している福祉施設において、バリアフリー旅行がどのように行われているのかについて、その現状と課題を明らかにすることを目的としている。その際、特に障がいのある人びとに関わる福祉施策や制度と旅行の実施状況の関係性について、明らかにしたいと思っている。

　前項では、措置制度の時代から、支援費制度の導入、そして障害者自立支援法の施行という流れのなかで、障がいのある人びとが利用している福祉施設でのバリアフリー旅行がどのように変化してきたのか（あるいはしてこなかったのか）について、二つの施設において詳細なヒアリングを行って、その影響を明らかにした。

　その結果、二つの施設においては、福祉施策の変遷あるいは自治体の財政事情の悪化に伴い、余暇活動の一つである「旅行」の実施が、以前に比べて質、量ともにレベルを維持するのが難しくなってきていることが明らかになった。また「旅行」以外の余暇活動についても、同様の傾向があることがみえてきた。

　こうした結果を受けて今度は、埼玉県内にある障がいのある人びとが利用している施設にアンケート調査を依頼し、特に障害者自立支援法の施行前後において、バリアフリー旅行の実施状況が、どう変化したのか（変化しなかったのか）について、明らかにしようとした。

　アンケート調査の目的は以下の2点である。
　① 2006年4月に施行された障害者自立支援法との関連で、障がいのある人びとが利用している施設における宿泊旅行の実施状況がどのような影響を受けたのかについて、基礎資料を得る。

②今後、障がいのある人びとが利用している施設における宿泊旅行を普及発展させるためには、どのような課題があり、また課題解決のためにどのような方策が考えられるのかについての基礎資料を得る。

また調査対象は埼玉県内の障がいのある人びとが利用する施設のうち、知的障害者更生施設、知的障害者授産施設、身体障害者療護施設、身体障害者授産施設、身体障害者デイサービスセンターの計192施設とした。

調査時期は2006年9月、郵送調査法を用い、調査票を各施設に郵送、郵送もしくはFAXで返送してもらった。回収結果は表3-5のとおりである。

なお合計102の回収数のうち、有効回答は100であり、この100の調査票について分析を行った。

		送付数	回収数	回収率
知的障害者更生施設	入所	56	31	55.4%
	通所	21	10	47.6%
知的障害者授産施設	入所	6	1	16.7%
	通所	56	32	57.1%
	小規模	5	2	40.0%
身体障害者療護施設	入所	18	11	61.1%
身体障害者授産施設	通所・入所	18	9	50.0%
身体障害者デイサービスセンター	通所	12	6	50.0%
	合計	192	102	53.1%

表3-5　アンケート回収結果

まずバリアフリー旅行の実施状況とその変化についてみてみよう（表3-6）。

		回答数	05年度	割合	06年度	割合
知的更生	入所	31	24	77.4%	19	61.3%
	通所	10	5	50.0%	4	40.0%
知的授産	入所	1	1	100.0%	1	100.0%
	通所	32	24	75.0%	21	65.6%
	小規模	2	1	50.0%	2	100.0%
身体療護	入所	9	5	55.6%	4	44.4%
身体授産	通所	9	7	77.8%	8	88.9%
身体デイ	通所	6	0	0.0%	0	0.0%
	合計	100	67	67.0%	59	59.0%

表3-6　宿泊旅行の実施状況

　宿泊旅行については、有効回答100のうち、2005年度は67施設（全体の67.0%）で、2006年度は59施設（59.0%）で行われていた。この1年間では減少傾向にある。

　これを種別ごとに見てみると、入所施設のほうが通所施設より、旅行の実施状況が高くなっている。身体障害者デイサービスセンターでは、回答6施設中、1施設も宿泊旅行を行っていなかった（ただし過去に行った施設はあり）。

　また旅行回数で言うと、2005年度がのべ122回（1施設平均約1.8回）行われたのに対し、2006年度になるとのべ86回（1施設平均約1.5回）に減少している。

　次に旅行先については表3-7のとおりである。

　旅行先として人気が高いのは、2005年度、2006年度ともに、多少の順位の変化はあるものの、栃木県（那須方面他）、群馬県（草津方面他）、静岡県（伊豆方面他）である。このうち栃木県、群馬県については、埼玉県内から高速道路を使って比較的短時間で行けるというメリットがあり、人気が高いと思われる。

	2005 年度		2006 年度		
	旅行先	のべ回数		旅行先	のべ回数
第1位	栃木県	18回	第1位	静岡県	14回
第2位	群馬県	15回	第2位	栃木県	11回
第3位	静岡県	14回	第3位	群馬県	9回
第4位	長野県・千葉県	11回	第4位	千葉県	7回
			第5位	埼玉県・神奈川県・山梨県	5回

表3-7 宿泊旅行の旅行先

一方で少数ではあったが、2005年度については、「愛・地球博」が開催されたこともあり、愛知県にのべ8回の旅行が行われた。また遠隔地だと2005年度にハワイへの旅行が1回、また2006年度には、九州への旅行がのべ2回行われた。この遠隔地への旅行はある特定の施設（種別は身体障害者授産施設）において行われ、希望者のみの参加である。

なお、この1年間の間に特に近場に旅行先を変更したなどの目立った変化はないように思われる。

次に費用負担についてみる。2005年度は、実施67施設中23施設（34.3%）において宿泊や移動にかかる費用について自己負担0円（おみやげ代や小遣い等は除く）で行っている。これが2006年度になると、実施59施設中17施設（28.8%）となり、自己負担0円の割合は減少している（表3-8）。

	実施施設数	負担0円	割合	自己負担	無回答
05年度計	67	23	34.3%	43	2
06年度計	59	17	28.8%	39	3

表3-8 旅行の費用負担

次に旅行の実施にあたっての、ボランティアの参加の有無についてみる（表3-9）。

2005年度については、ボランティアの参加があった旅行はのべ21回で、これはのべ実施回数の18.3%にあたる。圧倒的にボランティアを伴わない旅行が多い。

2006年度についてもこの傾向は変わらず、ボランティアが参加した旅行は、のべ16回で、全体の19.5%となっている。

			年度	ボラあり	ボラなし
知的障害者	知的更生	入所	05年度	4	49
			06年度	2	34
		通所	05年度	2	5
			06年度	0	5
	知的授産	入所	05年度	0	2
			06年度	0	1
		通所	05年度	8	19
			06年度	8	15
		小規模	05年度	1	0
			06年度	2	0
身体障害者	身体療護	入所	05年度	1	13
			06年度	1	6
	身体授産	通所	05年度	5	6
		入所	06年度	3	5
	身体デイ	通所	05年度	0	0
			06年度	0	0
				ボラあり合計	ボラなし合計
			05年度	21	94
			06年度	16	66

表3-9　ボランティアの有無　計

種別ごとで見てみると、知的授産、身体授産での割合が高くなっているのに対し、知的更生、身体療護においては、ボランティアの参加が少ない。今回のアンケートでは厳密に参加した利用者の障害の状況まで把握していないが、一般的な状況から判断すると、障害の重さとボランティアの参加の有無には、相関関係がないものと思われる。

　2005年度から2006年度の、宿泊旅行の実施状況の変化をみてみると（表3-10）、実施しなくなったのが13施設あるのに対し、実施するようになったのは5施設であった。この結果、2005年度67設において行われていた宿泊旅行が、2006年度には59施設に減少している。

		回答数	実施しなくなった施設数	実施するようになった施設数
知的更生	入所	31	6	1
	通所	10	1	0
知的授産	入所	1	0	0
	通所	32	5	2
	小規模	2	0	1
身体療護	入所	9	1	0
身体授産	通所	9	0	1
身体デイ	通所	6	0	0
	計	100	13	5

表3-10　05年度から06年度にかけての宿泊旅行の変化

　そこで宿泊旅行を実施しなくなった理由について聞いたところ、「障害者自立支援法の施行により施設収入が減少したから」、「費用がかかりすぎるから」というのが最も多く、経済的理由での宿泊旅行の中止という側面が大きいようであった。

障害者自立支援法の施行に伴い、施設収入が減少したから	6
費用がかかりすぎるから	6
施設が行うサービスとは考えないから	2
その他	2
ボランティアなどの世話をしてくれる人の確保が大変だから	1
計	17

表3-11 宿泊旅行をしなくなった理由

さらに費用負担の変化についてみてみると、2005年度に宿泊旅行を実施した67施設のうち、自己負担0円で実施した施設は、23施設あった。これが2006年度になると実施59施設のうち、15施設と減少している。

その変化の詳細をみてみると、2005年度に自己負担0円で行った施設のうち、2006年度自己負担に変更した施設が合計5施設、旅行そのものを実施しなくなった施設が3施設ある。また2006年度も2005年度に引き続き、自己負担0円で実施した施設は15施設となっている（表3-12）。

		05年度旅行実施施設数	うち自己負担0円	06年度も自己負担0円	自己負担に変更	実施せず
知的更生	入所	24	10	7	1	2
	通所	5	2	2	0	0
知的授産	入所	1	1	1	0	0
	通所	24	6	2	3	1
	小規模	1	1	1	0	0
身体療護	入所	5	0	0	0	0
身体授産	通所・入所	7	3	2	1	0
身体デイ	通所	0	0	0	0	0
計		67	23	15	5	3

表3-12 05年度自己負担0円の施設における06年度の負担状況の変化

最後に、宿泊旅行実施にあたって望むことを聞いた。その結果は、表3-13のようになった。最も多かった回答は「費用面で、割引制度や補助金などを充実してほしい」というもので、全体の65%の施設がこの選択肢を選んだ。次に「ハード面でのバリアフリー化をさらに進めてほしい」を、全体の3分の1の施設が回答した。

費用面で、割引制度や補助金などを充実してほしい。	65%
ハード面でのバリアフリー化をさらに進めてほしい。	33%
旅行を計画するための情報が簡単に入手できるようにしてほしい。	24%
ボランティア等の人の確保が簡単にできるようにしてほしい。	24%

表3-13　今後の課題

以上のアンケート結果をみてみると、まず障がいのある人が利用する福祉施設において、バリアフリー旅行を行っている割合が、約3分の2であることから、「旅行」というアミューズメントを実施する必要性を感じている施設が多いことがわかる。これは、作業訓練を目的とする授産施設においても言えることで、2005年度において知的障害者通所授産施設では、回答施設32施設中、24施設（75%）が、身体障害者授産施設では、9施設中7施設（78%）が、宿泊を伴う旅行を行っている。この結果をみると、バリアフリー旅行が施設における一つの重要なイベントとして位置づけられていることがわかる。

ただしバリアフリー旅行を実施する施設は、減少傾向にある。以前筆者が行った類似の調査によれば、2002年1月～12月までの1年間に、宿泊旅行を行った障がいのある人たちの利用する福祉施設の割合は、埼玉県で87%、京都府で77%であった。これと比べると実施率は低下している。また今回の調査によって、2005年度と2006年度を比較してみても、67%→59%、のべ回数でも122回→86回と、減少している。

この理由として考えられるのは、表3-11にあるように経済的理由が大きい。すなわち障害者自立支援法の施行に伴い、施設収入そのものが減少した

ことにより、旅行というアミューズメント活動の一つを縮小せざるを得ない状況に追い込まれている施設が出てきているということである。

また、「宿泊旅行を実施するにあたって望むこと」という問いについては、「費用面」を挙げた施設が65％を占め、これは先にも述べた以前の調査との違いが明らかである。先の調査では、まったく同じ選択肢ではないものの、圧倒的に「宿泊施設などのバリアフリー化を進めてほしい」を選んだ施設が多く、費用面での希望は少なかった。

このようなことから、福祉施設におけるバリアフリー旅行の実施状況については、障害者自立支援法の施行に伴い、特に経済面から大きな影響を受けており、今後も縮小傾向になっていくのではないかと思われる。これは以前ヒアリングを行った2施設における状況とほぼ一致するもので、施設におけるバリアフリー旅行は今後、質・量ともに、低下していくものと思われる。

3　重い障がいのある人の旅行の状況

さらに次にみていきたいのは、重い障がいのある人たちの旅行の状況である。

前述した埼玉県内の福祉施設におけるバリアフリー旅行の実施状況についての調査結果からもわかるように、施設で行うバリアフリー旅行は減少傾向にあり、施設利用者にとって限られた旅行機会である施設主催の旅行がなくなることによって、旅行そのものの楽しみが奪われているという実態がある。

そのなかでも特に障がいの重い人にとって、旅行のしやすさはいい方向に整備されてきているのだろうか。いやむしろ、障がいの軽い人、所得が一定以上ある人にとってはバリアフリー旅行を楽しむ機会が増えているのに対し、障がいの重い人、所得が限られている人にとっては、バリアフリー旅行を楽しむ機会は逆に奪われているのではないか。いわばバリアフリー旅行についても「格差」が広がっているのではないか。

そのことを明らかにするために、私は北海道に住む佐藤きみよさんに焦点

を当て、インタビュー調査を行った。佐藤さんは進行性骨髄性筋萎縮症のため、小学5年生より人工呼吸器（ベンチレーター）を使用し、1990年より24時間介助を受けながら、地域で自立生活を送っている。座位が取れないため、寝台式の車いす（ストレッチャー）を利用し、移動もこれで行っている。

今回のインタビューでは、特に佐藤さんがこれまでに行った航空機を利用したバリアフリー旅行に着目し、そこからどんな課題があるのかを分析した。

佐藤さんの旅行経験、特に航空機を利用したバリアフリー旅行の経験についてみると、最初に航空機を利用したのが、国内線では1990年の札幌～大阪間、国際線では97年の大阪～ロサンゼルス間となっている。

この二つのバリアフリー旅行を通して、ベンチレーター及びストレッチャー使用者である佐藤さんが直面した問題はさまざまであったが、そのなかからここでは特に航空運賃の問題について取り上げていきたい。

なおストレッチャー使用者の航空機利用者数については、多少古いデータになるが、以前筆者が調べたデータがあるので、以下に載せる。

	91年	92年	93年	94年	95年	96年	97年	98年	99年	00年	01年	02年
A社国内線	140	146	121	161	162	179	190	238	220	207	196	174
B社国内線・国際線計					125	120	134	160	146	125	168	160

表3-14 航空各社のストレッチャー利用者数の変遷

これをみると、A社、B社ともに、1998年に利用者数のピークを迎えている。そしてその後A社国内線は減少傾向、B社についてはいったん減少したものの、2001年に再びピークを迎え、また翌年微減している。このデータからみてもわかるように、航空機のストレッチャー使用者の利用については、一貫して増加しているというわけではない。その理由についてはさらに今後の研究を待たなければならないが、その一因としてストレッチャー使用者の航空運賃についての変化が、関係しているものと思われる。そのこと

について、ストレッチャー使用者のバリアフリー旅行の先駆者である佐藤さんの経験をたどりながらみていきたい。実はこの佐藤さんの1990年の国内旅行、97年の海外旅行が、いずれもストレッチャー使用者の航空運賃改定に大きな役割を果たしているのである。

まず国内線の運賃についてみる。国内線では、佐藤さんが1990年に利用する以前は、障がい当事者1座席分は障がい者割引として通常料金の25%引き、ストレッチャーやベンチレーターを設置するために占有する2座席以上の料金は、1座席あたり50%引き、また介助者は25%引きと定められていた。佐藤さんの場合、介助者1座席を含めて9席を占有したので、25%引きが2席、50%引きが7席分となり、札幌〜大阪間で、31万1,660円であった。これは大人通常料金（往復割引料金）の5.4倍という高額であった。

そこで佐藤さんは、障害があるということで高い料金を支払わなくてはならないのは問題であるとして、運賃制度の改定を呼びかけた。そして国会でもこの問題が取り上げられ、運輸大臣の前向きな答弁を引き出し、急遽運賃制度が改められた。航空運賃は、各航空会社が運輸省（当時）に運賃改定を申請し、運輸省が認可するということになっているが、この場合には運輸省の指導が大きかったようである。新運賃制度では、以下のように改められた。

まずストレッチャー料金という制度を新設し、ストレッチャー利用料金が、一律、大人通常料金の2席分となった。またこのストレッチャー料金とは別に、本人1座席分（25%引き）と介助者1座席分（25%引き）が加わる。この結果、札幌〜大阪間では、21万8,960円となり、これで大人通常料金の3.8倍まで引き下げられた。

それでもこの旅行でかかった総費用は、特別な費用だけでも他にリフト車輸送（船便）、ベッドレンタル、予備用乾式バッテリー、診断書作成、予備用手動式ベンチレーター、車いす用ルーム宿泊などがあり、必要経費だけで総計約47万円、その他の出費も加えれば、50万円を越える高額となった。これでは気軽に旅行するというわけにもいかず、経済的なバリアが大きな課

題となっていることがみえてくる。

　次に国際線についてみてみる。佐藤さんが初めて国際線の航空機を利用したのが、1997年の大阪～ロサンゼルスである。この時には、セントルイスで行われた国際会議に出席するためのアメリカ行きで、ロサンゼルスからセントルイスまでもアメリカの航空会社の航空機を利用した。

　この旅行以前の国際線のストレッチャー利用料金は、一律ファーストクラス3席分（介助者込み）となっていた。これはかつてストレッチャーを利用する場合にはファーストクラスに設置していたことがそのまま慣例として残っており、エコノミークラスで設置することがほとんどであるにもかかわらず、かつての慣例そのままの料金設定となっていたのである。この結果、国内での航空機利用も含め、ある航空会社の見積もりでは、佐藤さんのアメリカ往復の航空運賃は約300万円（介助者込み）となった。同じ旅程の通訳者らは、格安チケットなどを利用すれば約15万円で済むことになり、大きな格差があった。

　そこで、実情に合わないこの料金設定について交渉した結果、佐藤さんの働きかけによってストレッチャー利用よる国際線航空運賃の改定が実現した。新航空運賃は、国内線の運賃設定に準拠して、「ストレッチャー料金」として、占有座席が10席以下の場合には利用区間のエコノミークラス運賃の2倍の額、占有座席が11席以上の場合には利用区間のエコノミークラス運賃の3倍の額と定められた。この結果、佐藤さんの渡航費用は約167万円となり、改訂前に比べ、2分の1近くとなった。

　これ以外にも、航空機内に持ち込む手荷物がかなりの量となるため、単純計算で通常手荷物の9個分の料金換算となる。しかしこの部分に関しても、通常の手荷物とは違い、生活に必要な備品として考慮してもらい、超過分は支払わないで済むこととなった。それでも、旅行会社に支払ったアメリカまでの渡航費、アメリカ国内の移動の航空運賃、宿泊費などだけで、合計350万円を超え、計12日間の旅行としては、非常に高額な経費が必要であった。

以上みてきたように、佐藤さんのこれらの旅行は、いずれも航空機のストレッチャー利用料金の改定につながっている。逆に言えば、この高額なストレッチャー使用料金が、ストレッチャー使用者の航空機を利用する旅行の大きなバリアになっていると考えられる。

　先に示した表3-14を見ると、1990年以前のデータはないものの、A社、B社ともに98年に利用者数のピークを迎えており、97年の運賃改定がその要因になっていることがうかがえる。「高額料金」というバリアが低くなったことが、旅行しやすくなったことにつながっているのである。もちろんこの数字のすべてが、バリアフリー旅行、つまり純粋に楽しみのための旅行で航空機を利用しているとは限らないが、このデータを収集した際に、担当者からは、「以前は国外での事故や病気のために、やむを得ずストレッチャーを使用して帰国する場合や、外国の医療機関の診察を受ける場合などに利用していたケースがほとんどであったが、最近ではストレッチャー使用者が観光旅行のために航空機を利用するというケースも見られるようになってきた」という証言を得ている。

　このことを考えると、旅行先での事故や病気のためにやむを得ずストレッチャーを使用して航空機に乗らざるを得ないということではなく、純粋に楽しみのための旅行という「バリアフリー旅行」であったからこそ、佐藤さんはその運賃の「格差」に愕然とし、運賃改定の働きかけをしたと言える。その「格差」は佐藤さんの働きかけによって、すこしは小さくなった。しかし、まだまだ簡単に航空機を利用して旅行するというほどには運賃は下がっていない。

　この事例からだけで、重い障害のある人のバリアフリー旅行の全体像を明らかにすることはできないが、それでも少なくともストレッチャー利用者にとってのバリアフリー旅行は、経済的な側面からいっても、改善はされてきたものの、やはり気軽に旅行ができる状況には至っていないことがわかった。

第3節　バリアフリー旅行の課題

　日本におけるバリアフリー旅行は、一方で、さまざまな環境整備が進み、以前と比べるとはるかに「旅行しやすい」状況が創出されつつある。しかし一方で、「旅行しにくい」状況も依然として残されている。その「旅行しにくい状況」を創り出しているのは、以下の四つのバリアである。その四つとは、「カネ」（経済的バリア）、「モノ」（物理的バリア）、「ヒト」（人手不足というバリア）、「情報」（情報不足というバリア）である。

　そこで本節では、この四つの要因について、どんな点が課題になっているのかをみていきたい。それをおおまかにまとめたのが、下記の表である。

	プラスの要素	マイナスの要素
カネのバリア	バリアフリー旅行の普及 　→価格の低下 旅行補助制度（例：東京都） 障がい者割引制度（例：ストレッチャー料金の低下）	障害者自立支援法の施行 →経営状況の悪化、自己負担増に伴う旅行の中止
モノのバリア	バリアフリー新法の施行 　→駐車場、公園も対象 　→すべての障がいが対象	バリアフリー新法の限界 　→新築、大規模改修のみ 　→対象外の施設設備への義務なし
ヒトのバリア	旅行を支える人材育成・コーディネート トラベルヘルパー・トラベルサポーター・トラベルボランティア モノのバリアを補う人的資源	施設旅行を行う際の旅行ボランティアの不足 民間企業の人材に頼ることの限界
情報のバリア	インターネットの普及	情報更新の難しさ 必要な情報の選定の難しさ

表 3-15　四つのバリアの課題

この表は四つのバリアについて、それぞれ「プラスの要素」と「マイナスの要素」に分けて書いてある。ここでいう「プラスの要素」とは「バリアをより低くする方向に働いている要素」、つまりバリアフリー旅行をより普及させるために機能している取組みや仕組み、法律、制度のことを示している。逆に「マイナスの要素」とは「バリアをより高くする方向に働いている要素」、つまりバリアフリー旅行を普及する上で妨げになっている状況、課題、問題点を示している。
　この表を参考にしながら、それぞれの課題を明らかにしていこう。

1　「カネのバリア」からみたバリアフリー旅行

　そもそも障がいのある人の収入の状況はどうなっているのだろうか。
　障がいのある人の就労の形態には、福祉的就労・一般雇用・自営の三つがある。このうち福祉的就労とは、授産施設・福祉工場・作業所などの社会福祉施設を利用する形態であり、一般雇用とは、企業・国・地方公共団体等での就労である。障がいのある人の社会参加という観点から考えると、一般雇用されることが重要な意味をもっている。そしてよく知られているように、一定規模以上の事業主は、定められた割合以上の障がいのある人を雇用する義務を負う。しかし現実的には、障がいのある人の雇用率は微増（2008年度1.59%→2009年度1.63%）しているものの、企業規模別でみた場合は、中小企業の雇用率はいまだ低い水準である。また公的機関においても、法定雇用率を達成できないところも多いのが現状である。
　こうした雇用状況のなかで、障がいのある人の収入はどうなっているのだろうか。
　2005年度発行の『障害者白書』によれば、雇用されている身体障がい者の平均月額賃金は25.0万円と常用労働者の28.0万円と約3.0万円の差がある。また、知的障がい者は12.0万円、精神障がい者15.1万円と、障がいの種類により収入の差があることがわかる。福祉工場での賃金をみると、身体障が

い者が 19.0 万円、知的障がい者が 9.6 万円、精神障がい者が 8.1 万円となっており、事業所雇用と比べはるかに低賃金である。さらに授産施設においては、身体障がい者が 2.2 万円、知的障がい者が 1.2 万円、精神障がい者が 1.3 万円と極めて低い平均月額であることがわかる。

このことから、就労先または障がいの種別により収入に明らかな差があることがわかる。つまり十分な収入を得ている障がいのある人の数は決して多くないと言える。

もちろん障がいの程度によって、年金の支給があるが、実際には障がいのある人の可処分所得はそれほど多くない。しかも 2006 年に始まった障害者自立支援法によって、福祉サービスを受けるには、1 割が原則自己負担になったので、さらに趣味や余暇活動に使える所得は減少してきている。

一方で障がいのある人が利用可能なツアーは、さまざまな配慮(ホテルの部屋はバリアフリールームを利用、リフト付きバスをチャーター、車いすトイレのあるレストランを利用、添乗員を増やす、介助者が同行するためその費用も負担……)が必要なことが多いため、当然のことながら価格が高くなる。そこでいったいどれくらい高くなるのかを検討してみたのが以下の表である。

表3-16 大手旅行会社 3 社が提供するバリアフリー旅行

旅行会社	対象者 (参加条件)	内容	旅行先の例と金額
A社	・出発集合場所までの交通手段が各自ある人(しかし、福祉タクシーの情報提供・手配を行っている)。	配慮 ・原則バスツアー ・バスは横 3 列のワイドシート　リフト付き ・トイレ休憩は 1 時間半を目安に行う。 注意 ・全てがバリアフリー対応の施設ではなく、風呂に手すりがないこともある。	京都滋賀紅葉旅行 3 泊 4 日 89,000 円 (1 名 1 室利用の場合 98,000 円) 朝 3 食・昼 3 食・夜 3 食 ・添乗員同行

	・食事・入浴など日常生活が自立できる人、又は介助者の同伴。	詳しくは自分自身で詳細を確認し、判断して参加する。 特徴 ・トラベルサポーター制度を実施。	宿泊先 京都西本願寺聞法館、ホテルピアザびわ湖
B社	・日常生活動作に加え、手段的日常生活動作（電話の使い方、買い物、移動、服薬の管理、金銭の管理など）が各自または同行者によってできること。	配慮 ・介護福祉士・社会福祉士・ホームヘルパー2級・福祉用具プランナー・手話ができるスタッフが対応 ・お伺い書：障がいの程度等を記入し、それに基づいて可能な限り利用できるサービスに近づける。 ・トイレ休憩は1時間半から2時間毎に行う。 注意 ・主にリフトバスを利用するが、例外もありうる。 ・宿泊施設等の一部は、決してバリアフリー・ユニバーサルデザイン化されたものではない。 ・同行するスタッフは、継続的かつ専属的な介助、車椅子介助は行わない。 ・入浴・排泄介助も緊急時を除き行わない。 ・トラベルサポート制度なし。 特徴 ・障がい者を想定して企画していない一般ツアーへの参加も可能。 ・2008年より添乗員同行バリアフリー海外旅行を実施。 ・福祉系大学・専門学校の研修プログラムの企画・手配も実施。	春の飛鳥・吉野・高野山を巡る旅 4日間 179,000円 朝3食・昼4食・夜3食 ・添乗員同行 ・日本航空利用 宿泊先 橿原ロイヤルホテル（洋室） 総持院（和洋室・和室簡易ベッド） 普門院（洋室）
C社	・一人での参加の場合は、自分で身のまわりのことができることを前提に申し込む。	配慮 ・ゆとりのあるトイレ休憩 注意 ・介助ボランティアとして旅行サポーター1名が同行するが、参加者全体のお手伝いであり、個人に対し専属的に介助を行うものではない。	秋深まる京都・紅葉の名所めぐり 3日間 168,000円 朝2食・昼3食・夜2食 ・添乗員1名 ・旅行サポーター

| | | 特徴
・経験豊富な添乗員の同行。
・主に高齢者を対象とした旅行が多い。 | 1名同行
・リフト付貸し切りバス
宿泊先
ホテル日航プリンセス京都 |

(出典：各旅行会社のパンフレットを基に作成)

　この表は、大手旅行会社が提供するバリアフリー旅行について、対象者、内容、旅行費用などをまとめたものである。ここからわかるように、まず参加できる対象者が限定されている。主に身のまわりのことを自分でできるか介助者同伴が求められている。つまり基本的に添乗員による継続的な介助や介護などの身体介助サービスは行われていないのである。ということは、旅行に参加するためには、自分たちで介助者を依頼しなければならず、その介助者の分まで旅行費用を負担しなければならないということになる。もし介助者が家族や友人でなければ、当然のことながら、介助サービスに対する対価も支払わなければならない。

　また旅行費用そのものをみてみても、とても高い設定になっている。同じ時期の一般の京都4日間のツアーと比較すると、A社では5万円前後、B社では3〜5万円、C社では5万円前後である。つまりバリアフリー旅行の場合、一般のツアーの2〜3倍の費用がかかってしまう。もちろん一般向けツアーとバリアフリー旅行とでは、サービス内容が異なるため、単純に比較はできないが、先にもみたようにそもそも収入が限られている人が多いなか、障がいのある人の旅行はまだまだ高額で、誰もが手を出せるという状況ではない。

2　「モノのバリア」からみたバリアフリー旅行

　次に「モノのバリア」、すなわち物理的なバリアの状況をみていこう。
　車いす利用者が旅行をする場合の物理的バリアは、以前よりはるかに低く

なってきていることは周知の事実である。それは例えばハートビル法、交通バリアフリー法、そしてその両者が一体となったバリアフリー新法の施行等による法的整備が進められてきたことによるものである。実際に公共交通機関でみてみると、例えば1日あたりの平均利用者数が5千人以上の鉄道駅のうち、段差が解消されている駅の割合は、2001年度末において全体の33%だったのが、2007年度末には、67%まで上昇している。

　また第3章第1節で明らかにしたように、私たちがこの間、行ってきた世界自然遺産地域におけるバリアフリーモニターツアーによっても、ハード面でのバリアフリー状況については、かなり進んできていることがわかる。

　例えば2009年2月に行った八重山諸島バリアフリーモニターツアーで訪問した各離島の旅客船ターミナルにおいては、すべてのターミナルにおいて段差解消の措置が施されていた。

区分	名称	バリアフリー新法上の対象	バリアフリー化
ターミナル	石垣空港	○	○（PBL対応）
	石垣港（石垣島）	○	○（浮き桟橋）
	竹富港	×	○（浮き桟橋）
	大原港	×	○（浮き桟橋）
	上原港	×	○（浮き桟橋）
	船浮港	×	○（浮き桟橋）
車両	ちゅらさん号（石垣～西表）	○	○
	ニュー船浮（船浮～白浜）	○	○
	サザンクロス号（石垣～西表）	○	○
	仲間川遊覧船（すおう号）	×	△（乗降時のわずかな段差）
	船浮遊覧船（ちむどんどん号）	×	△（乗降時のわずかな段差）
	竹富島水牛車	×	△（乗降時に段差）
	由布島水牛車	×	△（乗降時に段差）

表3-17　八重山諸島周辺交通バリアフリー状況

離島交通の玄関口となる石垣港はもとより、竹富島の竹富港、西表島の大原港、上原港、奥西表にあり道路が通じていない船浮港においても、浮き桟橋が設置され、ほとんどの定期船もバリアフリーの構造となっており、車いすで容易にアクセス可能となっていた。

　このうち石垣港を除く港湾は、「1日あたりの乗降客数の平均が5千人以上」というバリアフリー新法上の基準適合義務が発生する基準には達していない港湾であるにもかかわらず、バリアフリーとなっていた。

　また八重山諸島の空の玄関口となる石垣空港についても、ここにはパッセンジャーボーディングブリッジ（PBB）は設定されていないため、そのままだとタラップを車いすごと担いで乗降することになるが、パッセンジャーボーディングリフト（PBL）による対応でバリアフリーとなっており、何の問題もなく利用することができた。

写真3-25　船浮港

　ただしこれらでモニターしたのは、あくまで「自走できる車いす利用者」が旅行に行った場合という限定付きである。このモニターツアーでは、さらに重度の身体障がいや、他の身体障がい、例えば視覚障がい、聴覚障がいなど、あるいは知的障がいなど、さまざまなかたちで移動に制約のある人たちが、果たして旅行を楽しめるのかといったことまでは、調査していない。その意味ではいわゆる「ユニバーサル旅行」、つまりすべての人が旅行を楽しめる状況なのかについては、まだ明らかではない。

　その限界を念頭におきつつ、ここでは、あくまで「自走できる車いす利用者」の旅行が、さらに普及するための「モノのバリア」をさらに低くする、そして最終的には除去するためにどんな課題があるのかを明らかにしたい。

　先にもみたように、ハード面でのバリアフリー化は、バリアフリー新法な

どの法律の整備によって、かなり進んできている。

　しかし、バリアフリー新法にも限界がある。バリアフリー新法においては、基準適合義務が生じる場合を新築、大規模改修のみとしており、既設の施設設備、車両等には努力義務しか課されていない。例えば、2007年に訪問した小笠原諸島への唯一の公共交通機関である「おがさわら丸」は、通常ならバリアフリー新法におけるバリアフリー化すべき船舶であるが、2002年以前に建造されたものであるため、今後大規模改修などがなければ、今のところバリアフリー化をしなくても、法的には問題にならない。ゆえに船に乗降する際の通路、あるいは船内においても、段差解消に至っていないのである。

　またバリアフリー整備ガイドラインの適用対象船舶は、海上運送法による一般旅客定期航路を運航するものに限られており、不定期に運航する観光船や遊覧船は対象外となっている。そのため、こうした船舶については、バリアフリー化する法的義務はない。例えば私たちが訪問した観光地で運航されている、知床観光船（知床）、ホエールウォッチング用船舶（知床）、仲間川遊覧船（西表島）、船浮観光船（西表島）などがこれにあたる。船舶ではないが、竹富島や由布島で運行されている水牛車も、もちろんバリアフリー化する法的な義務はない（表3-17参照）。

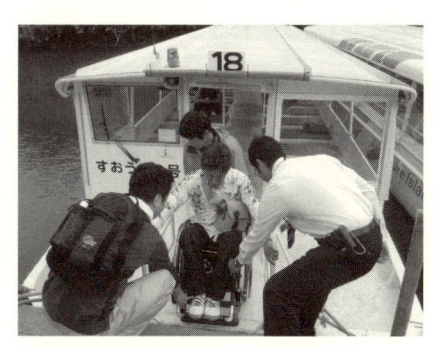

写真3-26　仲間川遊覧船

　現状ではそのバリアの部分を、人的な対応でクリアしている（ただし船内はフラットであるため、移動は容易であり、また船内に車いすスペースも確保されている）。

　また新法では新しく「駐車場」「公園」の項目がバリアフリー化の対象として加わっており、その点では進歩であるが、公園についても「都市公園」

に限ってのことであり、すべての公園が対象となっているわけではない。たとえば白神山地の青森県側にある十二湖周辺のブナ原生林は、車いすでアクセス可能な部分もあるが、有名な観光スポットである「青池」は、池全体が一望できる展望台までは階段となっており、車いすだと、担ぎ上げなければ行くことができない。とはいうもののこの周辺はバリアフリー新法上では、特にバリアフリーにする法的義務はない。

写真 3-27　十二湖周辺のブナ原生林　　　写真 3-28　青池展望台への階段

　こう考えるとバリアフリー新法がカバーしている範囲は、まだまだ限られていることがわかる。一つは、「新築、大規模改修のとき」という限定、もう一つは「都市公園」という限定である。

　それでは特に後者の限定について、どこまでカバーする範囲を広げる必要があるのだろうか。特に自然観光地の場合には、自然そのものが「バリアフル」であるため、原生的な自然を楽しむのだとすれば、基本的には「手を加えない」というのが、大原則である。極端なことを言えば、車いすの人が「富士山に登りたい」という要求を出したとしても、「ならば車いすでも行けるように頂上までロープウェイを通そう」という話にはならない。つまりバリアフリー化を義務づける範囲をどこまでにするのかについては、また別途議論が必要である。この点については、第4章で詳述する。

3 「ヒトのバリア」からみたバリアフリー旅行

　バリアフリー旅行でもう一つ課題になっているのが、「ヒトのバリア」である。これについては、施設で旅行する場合と個人で旅行する場合に分けて考えていこう。
　障がいのある人の団体旅行といえば、まずその人が利用している施設などが実施する旅行が考えられる。この実施状況については、第3章第2節でみたが、施設のサービスの一環としての旅行は減少してきている。その主な理由は経済的なものであるが、そこから派生的に発生する課題として「人手不足」ということが考えられる。
　先にもみたように、障害者自立支援法のもとで財政状況が圧迫されている施設において、旅行の原則は「全員参加」から「希望者のみの参加」に変化してきている。もしこういった施設で旅行する場合には、旅行に参加する人と通常の施設利用をする人の双方に対して支援を行わなければならない。みんな旅行に行っているので、施設はお休みですというわけにはいかないのである。施設はどこも慢性的な人手不足になっているが、こうしたイベントを行う際には、通常よりさらに人手が必要になる。ましてやリスクマネジメントの観点から言えば、通常とは異なる場所では、怪我につながる事故が起こる可能性も高くなる。こうしたことを考えると、施設において行事として旅行する際には、どうやってボランティアを集めるのかが一つの大きな課題となってくる。
　次に個人旅行を考えてみよう。これについてはさらに、「家族や友人たちと行く場合」と「旅行会社のツアーを利用する場合」に分けてみることにする。
　前者の場合、介助者が必要な場合には、どうやって介助者を確保するのかが大きなポイントとなる。普段から家族が介助をしている場合には、旅行先でも家族が介助することになる場合が多い。そのほうが安心だからである。

しかし、それでは介助者である家族の負担が多くなる。住み慣れた家で介助するならともかく、移動も多くまた交通機関への乗り降りや狭いトイレでの介助などで負担を強いることになってしまう。旅行先での介助の負担を考えれば、旅行そのものをやめてしまうということも出てくる。

そうなると次に考えられるのは、旅行のときだけ当事者をよく知っている友人に介助を依頼するケースである。介助のポイントを把握している、気の置けない友人がいる場合には、家族も当事者も旅行を思う存分楽しむことが可能となる。ただしそうした友人がいない場合や海外旅行などの多額の費用がかかる場合には、介助者の費用を誰が負担するのかといった課題が残る。

一方、「旅行会社のツアーを利用する場合」ではどうだろうか。先にもみたように、こうしたツアーに参加する際の条件として、一人で身のまわりのことができることが要求される場合は少なくない。そして何らかの介助が必要な人がこうしたツアーに参加する場合には、介助者同伴が求められ、結局は家族旅行と同じ課題が浮かび上がってくる。

またバリアフリーを謳っているツアーの場合には、介助者同伴を求めないこともある。ただしこうしたツアーの場合には、添乗員が介助を行うか、特に海外旅行の場合には、現地でヘルパーを雇って介助を依頼することが必要になってくる。その分、どうしても価格が高くなるというデメリットがある。

いずれにせよ、介助が必要な人が旅行をする場合には、当然旅行先での介助を誰がやるのかということが大きな課題となってくるのである。家族がやるのか、友人がやるのか、添乗員がやるのか、ボランティアがやるのか、ヘルパーが同伴するのか……。この課題を解決するための具体的な取組みについては、第4章で紹介していくこととする。

4 「情報のバリア」からみたバリアフリー旅行

近年、「バリアフリー情報」と銘打って情報発信をする観光地が増えてきたが、大半はトイレやエレベーターなどのハードの有無と場所がわかる程度

である。もちろん大切な情報だが、今まで外出をほとんどしてこなかった人を旅行に振り向かせるには、もう少し工夫が必要なのではないだろうか。

　私たちは数多くの旅行情報に触発されて旅行に出かけることが多い。しかし果たして単に「トイレがある」、「そこを歩ける」というだけで、旅行に行きたいと思うだろうか。旅行に行くのは、具体的に「どんな体験ができるか」というところに魅力を感じるからなのではないか。観光はそもそも楽しみに行くものである。「実際に現地で楽しめること」とリンクしたバリアフリー情報の発信が必要なのではないか。

　そのためにも、実際の利用者目線の情報発信が重要である。しかしバリアフリー情報の発信は多くの場合、「健常者」によって行われている。そのため実際の利用者にとって必ずしも有益な情報になっていない情報も少なくない。

　例えば、近年ホテルなどに増えてきている「バリアフリールーム」の案内などはその最たる例である。ホームページ上での紹介だけでなく、予約ができるところもあるが、残念なのは、掲載されている写真が通常の部屋と同じ観点で撮影されている点である。

　例えば、「通路に手すりを設けた」と書きながらその通路の写真がなく、どのような手すりなのかわからなかったり、玄関口やバスルームといった、利用者が最も欲しい情報がなかったりする。また部屋の間取り図をホームページに掲載していながら、細かな数値は省略されているので、自分の車いすでどの程度走行可能か、浴槽に2人で入れるのか、といった情報もわからない。

　障がいのある人や高齢者のための情報発信を行うのであれば、情報提供も当事者の目線で行われるべきであろう。実際に利用する機会を想定して、細かな配慮をすることが必要である。

　とはいえ、昔に比べ、観光地や観光業界側も、まったく情報発信の努力を怠っているわけではない。発信する側にもまた、バリアフリー情報を提供す

る上で直面する問題がある。

　次に情報を発信する側の視点に立ち、問題点について紹介したい。ここでは、「行政からの情報発信」、「旅行情報誌からの情報発信」、「インターネットを利用した情報発信」の三つの視点からみていくこととする。

　まず行政が行う情報発信についてみてみよう。行政は地域に密着した観光地情報を伝える重要な担い手である。近年は「着地型観光（到着地型観光。旅行目的地主導で、当地の風土や文化を味わう観光のこと）」志向の高まりもあって、その役割はますます強くなった。各地で情報量に富んだホームページが作られ、インターネットで観光情報を検索しようとすれば、真っ先にヒットするのは地方自治体のホームページになっている。行政は、地元観光地の「宣伝マン」という側面ももっているのである。

　特に公益的側面の強いバリアフリー旅行の発信に関して、行政の可能性は大きそうだが、そこには行政なりの困難もあるようだ。それは一言で言えば行政に求められる「中立性・公平性」に起因する困難である。つまり行政であるがゆえに、ある特定の個人や企業だけを優遇してはならないという原則がつきまとうのである。

　例えば、バリアフリーに対応したホテルを掲載したハンドブックを作るとする。対応ホテルの名前や写真が列挙されるわけだが、逆にバリアフリーに対応していない宿から、「自分のところはパンフレットに載らず不公平だ。行政が特定の施設を優遇するようなパンフレットを作って良いのか。市民に平等にサービスを与えるのが行政の役割ではないのか」などといった苦情がくるのだそうだ。

　とはいえ、バリアフリー新法などの法律の施行、また観光振興のための一つの手段としてのバリアフリー化が進められている観光地もあり、中にはこうした状況を乗り越えながら、行政が率先してバリアフリー情報を発信しているところもある。そうした事例については、第4章で紹介する。

次に「旅行情報誌からの情報発信」についてみてみよう。通常私たちが旅行情報を収集するときに頼りになる情報媒体の一つに、『るるぶ』や『まっぷる』に代表されるような旅行関連書籍がある。

しかし、バリアフリーを扱った旅行書籍はあまり出版されていない。文字情報が中心の一般書籍としてわずかに存在する本も、旅行の体験記のようなもので、旅行「情報」を載せたガイドブックは、福祉の書棚に置かれていることが多く、旅行コーナーにはほとんどない。これには、二つの要因があると思われる。まず一つは、「今まで障がいのある人が旅行の対象としてみられてこなかった」ということ。もう一つは、「出版までのプロセスが長いうえ、一度出版すると簡単に修正ができない」という本特有の性質である。

後者は大きな問題である。バリアフリー状況は日々改善されていくが、本は取材・原稿執筆・校正・印刷など、出版までの過程が長い。したがって、取材した情報が、本として出版される頃には陳腐化してしまう可能性があるのだ。頻繁な情報更新ができないという本の特質が、バリアフリー観光関連の書籍の出版が進まない要因になっている（このことはまさにこの書籍にも言えることで、私たちが調査を行った後にも、かなり状況が変化している場所も少なくない）。

新鮮な情報が提供できるという点では雑誌としての出版も有効であるが、月刊・または季刊にしても、雑誌で利益を得るには多数の読者が必要であり、採算がとれるどうかは不透明である。

そうなると、有効なバリアフリー情報を発信するには、情報更新が容易であることが望まれる。すぐに修正が可能な手段としてあげられるのはインターネットで、「どこからでも・無料で」最新の情報に触れられるという点で、大きな可能性を秘めていると言える。

しかし、パソコンが使えない高齢者や障がいのある人には情報が届かない恐れがある点が問題である。

またこれはバリアフリー関連の書籍にも言えることだが、鉄道会社や観光

施設などのホームページで、バリアフリー情報が公開されているところが増えてきたものの、各社によってバリアフリーの基準が曖昧であり、ことばは同じでも程度が異なることが大きな課題である。

　例として、交通エコロジー・モビリティ財団と株式会社ヴァル研究所が運営する「らくらくお出かけネット」をあげる。このWebサイトは、交通機関各社の協力のもと、駅や空港などのバリアフリー情報をまとめて掲載する画期的なものである。しかし鉄道会社各社からの情報をそのまま載せているので、会社によって事前連絡の要・不要が書いていなかったり、「改札外」トイレの有無について各社で判断が異なったりしており、統一した公開基準がないのが課題である。

　またインターネットの個人サイトで、実体験などを基に豊富なバリアフリー情報を提供しているものがいくつかあるが、多くの場合、掲載されている情報は古くなってしまっている。個人で旅行に行ける回数は時間的にも金銭的にも限られており、常に最新情報を提供するには限界があるのだ。

　このように情報発信については、さまざまな課題を抱えている。とはいえ、その一方で、やはり以前に比べ、バリアフリー情報の量・質ともに、はるかに向上し、そして適切な情報になりつつある。そうした取組みの一端については、やはり次章で述べてみたい。

学生バリアフリー調査隊が行く！ ②

大洗海岸では車いすのまま泳げる？？？
～ランディーズでバリアを乗り越えて、楽しもう～

　1997年、茨城県大洗海岸を活動拠点とするNPO法人ワイルドワイズ・ジャパン「大洗サーフ・ライフセービング・クラブ」が設立されました。そしてこのNPOでは、全国に先駆けて通常の監視業務に加え、「バリアフリー・ビーチ」を目指しました。砂浜や波打ち際など、通常の車いすでは移動しにくい海水浴場の環境を、低圧バルーンタイヤを持つランディーズの導入により、多くの方々に楽しんでいただけるようにしたのです。

　ランディーズとは、低圧力バルーンタイヤがついた水陸両用車いすです。バルーンタイヤは通常のタイヤより幅が広く、ふかふかしています。例えば、車いすの場合、海を見たくても整備された道路のところまでしか行くことができません。
　しかし、ランディーズの場合はデコボコの道、砂浜、水辺など、いろいろな路面でも走行することができます。今まで水辺まで行くことができなかった車いすユーザーの行動範囲が、道具一つで格段に広がります。
　そしてランディーズの導入は、ビーチを取り巻く環境全体のバリアフリー化にもつながります。
　障がいのある人でも利用できる駐車場や更衣室の設置など、バリアフリー・ビーチ

の運営に関して、当事者の声を聞きながら、いわば「点」のバリアフリーから「面」のバリアフリーに広がっていきました。そして「バリアフリー・ビーチ」は「ユニバーサル・ビーチ」と名前を変え、2010年で13周年目を迎えました。

　ここ大洗海岸で2007年に新たに始めた取組みが「ビーチフラダンス」です。この試みは遊泳客と障がいのある人々が共に参加できることから、クラブの理念である「誰もが安全に水辺を楽しむ」ビーチの実現に向けた試みの一つになっています。

　ランディーズの活躍の場は、ビーチだけではありません。また夏だけでもありません。例えば札幌雪まつり会場でも、水戸の偕楽園や新宿御苑、富士山こどもの国や葛西海浜公園、明治神宮から伊勢神宮、鳥取砂丘や吉野ヶ里歴史公園まで、北は北海道から南は沖縄まで、そして今では海外でも、ランディーズの利用が始まっています。

　車いすだからちょっと行くのは無理、と思う前に、ランディーズがあるかどうかをチェックしてみましょう。もしなかったら、声をあげましょう。「ランディーズを導入してください」と。そこからすばらしいドラマが始まるはずです。

折橋麻美（浦和大学総合福祉学部・TLRメンバー）

●第4章●
社会を切り拓く
バリアフリー旅行

第1節　カネのバリアをなくすために

　民間企業が提供するバリアフリー旅行は、一般向けの旅行に比べ費用が高額である。その一方で、障がいのある人が得ている収入は決して満足なものとは言えない。障がいのある人はこのような状況のなかで生活費をまかない、果たして余暇に使うお金の余裕があると言えるだろうか。前章でみたように、実際には、バリアフリー旅行に行きたいと思っても、費用面からのバリアはかなり高いのが現実である。
　そこで本節では、この経済的なバリアを低くするための取組みをいくつか紹介したい。一つは東京都の施策、もう一つはフランスの事例である。

1　東京都の「休養ホーム事業」

　まず注目したいのがバリアフリー旅行に対する行政の支援としての、東京都の独自の施策「休養ホーム事業」である。
　この「休養ホーム事業」とは、東京都在住の障がいのある人の保養等を目的として、本事業の対象となっている宿泊施設利用に関して宿泊料金の助成を行う事業である。障がいのある人が利用しやすいような一定の設備の整っている施設の協力によって運営されており、全国の39施設を対象に年間約2万5千人が利用している。本事業は、東京都が財団法人日本チャリティー協会に委託して行われている。
　この事業は、1981年7月に東京都が他県に先駆けて実施した独自の施策である。計画当初は、障がいのある人が余暇としての旅行ができるように、東京都が保養所をつくることを目指した。しかしながら、保養所を建設する用地には目途がついたものの、建物の建築費、維持費、そこでスタッフとし

休養ホーム事業の概要

対　　象	都内在住の身体障害者手帳・愛の手帳・精神障害者保健福祉手帳所持者
付　　添	手帳所持者1人に対して1人まで
助成内容	障害者大人　一泊　6490円まで 障害者子供　一泊　5770円まで 付添大人　　一泊　3250円まで
行き先	対象となっている39施設（北海道から沖縄まで） 利用助成回数：年間2泊まで（4月1日から翌年3月31日まで）
受付締切	個人　利用日の2週間前まで 団体　利用日の3週間前まで
利用方法	①宿泊施設へ予約　希望の宿泊施設へ連絡し予約 ②日本チャリティー協会へ連絡　宿泊施設予約後、協会へ予約済みの連絡 ③利用申込書の郵送　協会へ連絡後、申込書を協会まで郵送 ④利用券の郵送　協会に申込書到着後、処理をして利用券を発行（宿泊日の10日前めど） ⑤宿泊当日　宿泊施設に利用券と障害者手帳の提示 　出発日に助成額を差し引いた金額を宿泊施設に支払う。

出典：東京都福祉保健局（2009）

て働く人の人件費を考えると、財政的に問題が生じ、計画は白紙に戻った。そしてそれに代わるものとして、この「休養ホーム事業」が誕生した。

　本事業の目的は、障がいのある人が家族や友人とともに旅行し、くつろぐことである。これを基準に東京都が提携施設を認定している。事業開始当初は、建物などのバリアフリー化があまり進んでいない時代であったが、その不足分に関しては宿泊施設側がマンパワーで補っていた。このように車いす利用者などの身体に障がいのある人に対しては、ハード部分をソフト面で補うことが可能であった。しかしながら知的に障がいのある人、特に重度の場合は、浴槽の中で排泄をされるかもしれないという懸念が他のお客さんから出され、利用を断られたこともあった。このような時代に行政が障がいのあ

る人の旅行を支援し、そのことを通じて、社会参加を推進したことは大変有意義なものであった。

本事業の施設数、予算額、決算額、利用人数については表のとおりである。また助成額についても以下のとおりである。

表 4-1　東京都休養ホーム事業の推移

年度	指定施設数	予算額	決算額	利用人数
1998 年度	33 施設	238,667 千円	213,466 千円	31,208 人
1999 年度	34 施設	238,475 千円	220,155 千円	32,217 人
2000 年度	34 施設	213,466 千円	210,484 千円	30,746 人
2001 年度	33 施設	228,184 千円	203,227 千円	29,613 人
2002 年度	40 施設	172,265 千円	152,598 千円	27,282 人
2003 年度	39 施設	169,599 千円	146,405 千円	26,037 人
2004 年度	40 施設	169,290 千円	142,829 千円	25,313 人
2005 年度	40 施設	162,325 千円	144,780 千円	25,529 人
2006 年度	40 施設	150,831 千円	142,431 千円	24,993 人
2007 年度	40 施設	145,819 千円	137,622 千円	24,083 人
2008 年度	40 施設	141,757 千円	138,054 千円	24,136 人
2009 年度	39 施設	137,147 千円		

利用人数に関しては障がいのある人だけでなく付添者も含んだ延べ人数となっている。

年度	宿泊数	助成単価		備考
		大人	子供	
1981 年 4 月～	2 泊	3,900 円	3,400 円	障がい者と付添者は同額
1982 年 7 月～	3 泊	4,800 円	4,300 円	
1989 年 4 月～		4,950 円	4,430 円	
1990 年 4 月～		5,260 円	4,740 円	
1993 年 11 月～		6,490 円	5,770 円	
1997 年 7 月～	2 泊			精神障がい者も対象
2002 年 4 月～		付添者		
		3,250 円	2,890 円	

表 4-2　東京都休養ホーム事業の助成額の推移

まず、1998年度から現在までの指定施設数の変化に着目すると、33施設から39施設へと増加しており、宿泊先の選択幅が広がったと言える。これらの施設は、決してすべての障がいに対応できる施設ではないが、障がいのある人が利用しやすいような一定の設備が整っていることが特徴である。
　次に予算額と決算額を比べてみると、決算額が明らかに少ない。旅行希望者に対して一律の料金が助成される事業のため、東京都が予想する利用者よりも、実際に利用した人数が少ないことがわかる。本事業が開始されてからもうすぐ30年がたつが、知名度が低いのだろうか。広報活動としては区市役所でのパンフレットの配布の他、障害者手帳交付時に渡されるしおりにも記載されている。また当事者ネットワークを利用して、事業を利用した人からの口コミでも広がっているという。しかしながら2008年度は、過去10年間で最も利用者が多かった99年度に比べて約8千人も減少した結果となっている。
　この理由として、障がいのある人の一部が公的助成から卒業し、自己選択へ進出したことが考えられる。これまで本事業を利用していた障がいのある人は比較的軽度であった。旅行会社を通じて社会参加することに積極的であり、この事業に関する情報を入手することも容易であったことが予想できる。障がいが軽度であり、就労をしていて、ある程度金銭的に余裕がある人は、行き先の限られた本事業を利用するよりも、「自分が行きたい旅行先」を自ら探すようになったのではないだろうか。
　一方で障がいのある人の旅行そのものが、こうした補助制度があったとしても、経済的な状況から控えられるようになってきたことも考えられる。後述するが、あくまでもこの制度は旅行費用の一部助成でしかなく、当然制度があることで助かる面はある一方で、この金額だけで旅行費用のほとんどをまかなうということはできない。また原則として個人で行く旅行に限られており、また利用施設も限定されているということから、使い勝手が悪いという点もあるのかもしれない。

次に助成の内容についてみてみよう。助成される宿泊数の変化に注目すると、事業開始時は2泊、翌年からは3泊となっている。しかし、97年度からは再び2泊となり、現在もその流れを受けている。
　また助成金額をみると、事業開始時は大人3900円、子供3400円から始まった。また付添者への助成も当時から存在し、金額に関しては利用者と同額であった。1997年度からは精神障がい者も助成の対象となっている。ところが2002年度より、付添者への助成金額が別途に設けられるようになった。この影響は大きかったようで、2001年度から2002年度にかけて、利用人数は大幅に減少している。
　こうしてみるとこの休養ホーム事業そのものが、現在大きな岐路に立たされていると言えるだろう。そのことは担当者に対して行ったインタビューでも指摘されていた。今後は制度そのものの存続も含め、検討がなされるとのことである。
　その理由は二つある。まず一つめは、障がい者施策などの福祉サービスの地方分権への動きである。基本的に障がい者施策は市区町村などの基礎的自治体にその役割の多くが委譲されてきている。その流れのなかで、この事業だけではないが、東京都が行う施策として必要であるかどうかの検討がなされ始めているとのことである。
　その背景にはもちろん厳しい財政事情がある。他の都道府県では例をみないこの障がいのある人の旅行への直接的な補助制度は、ある意味、「旅行」という余暇活動に対して、税金を投入をしてそれを支援するわけであるから、まさに障がいのある人の旅行を、生きていく上で必要な活動と位置づけたものとして画期的な取組みである。一方で、どうして障がいのある人に対してだけ旅行補助を出すのだという根強い意見があることも事実である。旅行という活動が、いまだ日本では「一つの権利」として位置づけられておらず、まだまだぜいたくな活動としてしか考えられていない状況では、厳しい財政事情とあいまって、障がいのある人の旅行に対して税金を投入すること自体、

ここまで事業が継続してきただけでも奇跡的なことかもしれない。

　しかし、人びとは平等に余暇を過ごす権利があると考える。それは、障がいのある人にとっても同じことである。しかしながら日本社会には、障がいのある人が生きる上での制約が多く、特に余暇を満足に過ごすことができない。その理由として、障がいのある人を取り巻く雇用状況における経済的課題が多くの割合を占める。障がいのある人の生活の質の向上といった意味でも、行政が障がいのある人の旅行に関して経済的な支援を行っていくことは、障がいのある人の生き方の選択の幅を広げ、自己選択の可能性を高めることになる。

　というのも、次にみるフランスの事例は、まさに旅行という余暇活動をすべての人が楽しむべき権利として位置づけ、さまざまな形で社会的支援を行っているからである。つまり東京都の休養ホーム事業は、その事業発足の事情はさておき、ある意味日本におけるソーシャルツーリズム、つまり旅行をすべての人に保障する考え方を、具体的に自治体レベルで行ってきた施策としてとても貴重な取組みであると考えるのである。そこで次に、そのフランスでの取組みについてみていこう。

2　フランスにおける旅行の社会的支援

　ソーシャルツーリズムとは、さまざまな理由で観光に無縁である人々が観光を実現できる条件を整えようとする社会的支援であり、国、地方自治体、各種団体などが観光を楽しむ機会をあらゆる人びとに保障しようとする考え方、またそのための活動を言う。その対象は、特に経済的負担や身体的・精神的障がいなどの理由で観光に参加できない人びとである。この考え方を活かした政策が行われているフランスの取組みを紹介したい。

　まずは、休暇小切手という仕組みである。これは1982年のミッテラン大統領のときに誕生した、低所得者層の休暇利用促進を図るために導入された制度であり、1990年代初頭から飛躍がみられる。

そしてもう一つは、障がいのある人のバカンス費用の半額を負担する個別援助基金である。フランスではこのように低所得者・障がいのある人なども権利としての余暇を過ごせるような支援を政策として行っている。

　また最近の取組みとして注目したいのが、2002年からパリ市において始まったパリ・プラージュである。パリ市長がすべての人がビーチでバカンスを楽しめるようにと、セーヌ川沿いに砂を敷き、海に面していないパリにビーチを誕生させた。これは、毎年7月20日頃から8月下旬までの4週間ほど行われている。その間、パリ市はビーチパラソルのレンタルやプールの利用、本の貸し出しなど、経済的な問題からバカンスに行けないパリ市民のためにすべて無料で提供している。

　また長期でバカンスに行こうとすれば当然費用がかかるので、お金をかけずに多くの人がバカンスを楽しめることが重要になっている。そのため政府はキャンプ場や、キャンピングカーの利用できる場所を整備したりということを積極的に行っている。

　こうした取組みを行政が行うことが当然になっているのには、大きく二つの理由があると考えられる。まずフランス人にとってバカンスは生活の一部であり、それにかける気持ちは強い。そしてバカンスはストレス解消やリフレッシュにも有効である。フランスの余暇支援への取組みは観光立国ならではのものであり、余暇を大切にするフランス人の国民性を象徴していると考えられる。

　またそうした国民性を培ってきた背景には、やはり余暇というものの位置づけの違いがある。「余暇」は「余り」と「暇」という漢字から成り立っていることからもわかるように、日本ではどうしても、時間的、経済的に余裕がある人だけが楽しむことができるものとのイメージが強い。しかし、もともと余暇＝レジャーは、劣悪な労働条件（長時間、低賃金労働など）から人びとを解放し、まさしく人間性を回復するために絶対に必要な要素の一つとして生み出されたものである。それは余りものでも、暇だからやるものでも

なく、まさに人間の重要な権利の一つとして労働者が勝ち取ってきたものなのである。つまり余暇は権利である。

　こうした歴史的経緯に立ち返れば、旅行という一つの重要な「余暇活動」をすべての人に保障するために、行政側が対応を進めていくことは、別に特別なことではなく、またぜいたくを保障するものではないことがみえてくる。フランスの取組みから日本が学ぶものは少なくない。

第2節　モノのバリアをなくすために

1　基準適合義務のない場所のバリアフリー化の要因

　何度も書いてきているが、ここ十年ほどの間、モノのバリア、すなわち物理的なバリアはかなり改善してきている。私たちが行った世界自然遺産地域への旅行においても、思った以上にバリアフリー化が進んできている。
　その一方で、まだまだすべての観光地が車いすでも楽しめるという状況ではないこともまた事実である。そこでこの節では、バリアフリー新法上、基準適合義務が課されない（すなわち法的にはバリアフリーにしなくてもいい）場所・車両等がバリアフリー化されるためには、どのような条件が必要なのかについて考えてみたい。具体的には、例えば「1日の乗降人数が5千人を超えない港」がバリアフリーになるためには、どのような条件が必要なのか。また「都市公園でない観光スポット」がバリアフリーになるためには、どのような条件が必要なのかということである。
　そのことを具体的に考える際に、いったいどこまでバリアフリー化を進めていく必要があるのかということから考えてみたい。つまり、例えば車いす利用者が「豊かな自然を楽しみたい」と思ったときに、その思いを実現するためには、当然バリアフリーの木道を建設したり、車の通れる道を整備したりといったことが必要になってくるわけで、それをどこまで進めていくべきなのかという課題である。
　これが例えば通勤や通学など、日常的に使われる駅や車両などをバリアフリー化することについては、少なくとも最近は法的にも義務づけられ、国民のコンセンサスも得られているため、特に大きな反対の声は上がらないであろう。ところが、「旅行」というアミューズメントを考えた場合に、「旅行」

は日常生活上、確かにあったほうがいいものの、生活するというだけならば絶対に必要なものではなく、バリアフリー化の優先順位としては、当然のことながら低いものになる。

　例えば、日本最高峰の富士山に車いす利用者が「登りたい」と言っても、すぐに「富士山山頂まで車で行けるようにしよう」ということにはならないだろう。これは多くの人のコンセンサスを得られると思われる。しかし、例えば近くまでは自動車でアクセス可能である白神山地のブナ林を車いすの人が見たいと言ったときに、それをどこまで保障するのかは判断に迷うところである。それなりの経費、そして時には自然への負荷をかけて木道を建設するといった場合に、いったいどこまでバリアフリー化を進めればいいのだろうか。

　そこで私たちは、法的な義務はないものの、バリアフリー整備が進んでいる観光スポットを取り上げ、どんな条件がそろったらバリアフリーになるのかを考えてみた。

　今まで私たちが旅行した日本国内にある世界自然遺産地域のなかにあり、車いすでも容易にアクセス可能（より具体的に言えば、自走可能な車いす利用者が移動する際に、介助を受けることなく移動可能であるような段差解消の設備が整っていること）な自然観光スポットは、知床地域の知床五湖、白神山地の岳岱自然観察教育林、マザーツリーの３カ所であった。一方、これらの地域の重要な自然観光スポットでありながら、車いすで容易にアクセス可能でないところは、知床地域のフレペの滝遊歩道、白神山地の暗門の滝遊歩道、そして八重山諸島西表島のサキシマスオウノキ、石垣島の米原ヤエヤマヤシの群落、名蔵アンパルマングローブ林、八重山諸島の各ビーチなどであった。そこでこれらのうち知床地域と白神山地の対照的な自然観光スポットを比較し、バリアフリー化が進められる要因について詳しく分析した。

観光地名		観光地としての重要性	地形的制約	土地利用状況	バリアフリー化のきっかけ
知床	知床五湖	知床地域でも最も観光客が訪れるところで、重要性は高い。年間利用者数は約56万人	地形的制約は小さい。	国立公園特別地域特別保護区 世界遺産地域核心地域 ただし、もともと入植者によって開発が進められたところでもある。	もともとバリアフリーでない知床五湖自然探勝路（木道）があったが、オーバーユース問題で自然破壊が深刻化していた。さらに度重なる熊の出没で閉鎖されることが多くなってしまった。重要な観光スポットとしては、常にアクセス可能にしておきたい。そこで地上歩道は利用をコントロールし、高架木道は誰もが利用できるものとすることで、観光客減少に歯止めをかけるとともに、植生にも負荷をかけないようにした。
	フレペの滝	知床地域の観光スポットの一つではあるが、最重要ポイントではない	地形的制約は小さい。	国立公園特別地域特別保護区（一部）世界遺産地域核心地域（一部）ただし、もともと入植者によって開発が進められたところでもある。	×
白神山地	岳岱自然観察教育林	観光地としては藤里側の重要スポットの一つである。年間入山者数は約7〜9000人（白神第2位）	地形的制約は小さい。	林野庁指定の自然観察教育林（世界遺産地域外）ブナの原生林もあるが、観光ポイントとなる四百年ブナまでは、二次林であり、ブナ以外の樹木もある。	世界遺産に登録された後、オーバーユース問題が発生、根の露出や四百年ブナの枝が折れるなどの被害が出た。そこでブナ林の保全に配慮しつつ、誰もが利用できるようにと、木道の整備を行った。バリアフリー化にあたっては藤里のガイド協会からの申し入

				れ（それまではおぶって連れて行っていた）も影響したと言われている。
マザーツリー	観光地としては、青森側の重要スポットの一つである。年間入山者数は約2000人（白神第5位）	地形的制約は小さい。	世界遺産地域外	以前、訪れた車いすの観光客からの要望が出され、それがきっかけになって舗装路がつくられ、マザーツリーまで行けるようになった。合わせて駐車場のトイレ等の整備も行った。
暗門の滝	白神山地内で最も観光客が訪れるところで、重要性は高い。年間入山者数は約5万人（白神第1位）	駐車場から滝までは、川沿いの道を約3キロほどたどることになり、地形的制約は大きい。	世界遺産地域緩衝地域	×

表4-3 世界自然遺産地域にある観光スポットとバリアフリーの関係

　まず知床地域でバリアフリーとなっている知床五湖は、年間訪問者数が約56万人と、知床地域で最も観光客が訪れる観光スポットである。ここにはもともと知床五湖自然探勝路という木道が設置されており、知床五湖を歩いて散策できるようになっていた。ただしこの木道は途中で途切れており、また段差があること、幅員が狭いことなどで、車いすでの利用は困難であった。

　2005年7月、知床地域が世界自然遺産に登録されると、以前にも増して観光客が増加した。その結果、オーバーユース問題が発生、観光客がぬかるみを避けるために木道以外の場所を歩いた結果、貴重な植生が破壊されるなど、自然破壊が問題になってきた。それに加えて、この一帯で野生の熊の出

没が相次ぐようになった。野生の熊の出没情報があると、この木道は閉鎖され、知床五湖を見ることができなくなる。せっかくの人気観光スポットであるにもかかわらず、五湖を見ることができないという事態が、頻繁に起こるようになったのである。

　この「自然破壊」と「熊出没による木道閉鎖」という状況を受け、「いつでも誰でも知床五湖を楽しむことができるようにする」ための方策が考えられた。そこで出てきた解決策が「バリアフリー高架木道」の設置である。重要な観光スポットとしては、常にアクセス可能な状況にしておきたい。かつ自然破壊はできるだけ進行しないようにしたい。この二つの思惑から、地上歩道（従来の自然探勝路）については利用をコントロールし、ある程度の研修を受けた人だけが利用可能とする。その一方で、高架木道を設置し、こちらは誰もが（車いすの人も）利用可能にして、五湖のすばらしさを見学できるようにしたのである（第1章25ページ写真参照）。

　白神山地にある岳岱自然観察教育林もまた、「自然破壊」を食い止めるべくバリアフリー化が進行した事例である。ここには、「四百年ブナ」と言われる白神山地のシンボルとも言うべきブナがある。この白神山地もまた、世界自然遺産に登録された後、観光客が急増、この岳岱自然観察教育林にも、年間7千人〜9千人の人が訪れるようになった。そしてこの教育林にももともと木道が設置されていたが、段差や幅員の関係で、車いすでのアクセスはできなかった。そして観光客が増えるにしたがって、やはり自然破壊が深刻になり、木道以外の部分への侵入が相次ぎ、また四百年ブナそのものへの影響も出始めた。表層部分の土壌の流失によって根が露出し、その影響で大きな枝が折れるといった被害が出てしまったのだ。

写真4-1　四百年ブナの折れた枝と警告板

そこで、四百年ブナそのものに近づけないようにロープを設置し、一方で教育林入り口から四百年ブナまでの道をバリアフリー化することで、誰もが訪れつつ、自然破壊の進行を食い止めるようにした。バリアフリー木道を設置するにあたっては、ブナの二次林を通過するようにし、1本のブナの伐採もしないようにルートを設定、ブナ林保護に配慮したという。

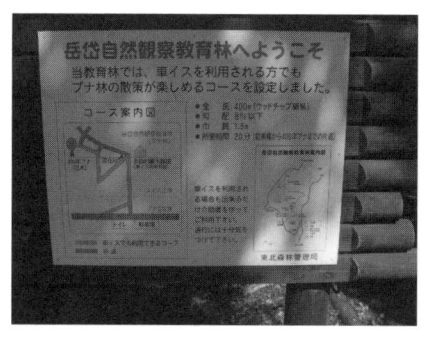

写真4-2　岳岱自然観察教育林看板

　またこの木道がバリアフリーになった背景には、この岳岱自然観察教育林がある秋田県藤里町のガイド協会の存在がある。それまで車いすの利用者はほんの一握りであったが、希望すればおぶってでもこの四百年ブナまで案内していたそうである。木道を新設するにあたって、このガイド協会は、それまでの経験から、車いすの人でもアクセス可能なようにバリアフリー化を申し入れたとのことである。

　こうした当事者の声を反映することによってバリアフリー化が進んだ例が、同じ白神山地内青森県側にもある。四百年ブナに匹敵するほどの樹齢を誇る「マザーツリー」である。ここもすぐ近くの津軽峠までは車でアクセス可能であったが、以前ここを訪れた車いす利用者からの要望によって、今ではコンクリートが敷き詰められた簡易舗装路があり、「マザーツリー」まで車いすでも簡単に行くことができるようになっている。

　この二つの事例からは、こうした「当事者の声」＝「ニーズの発生」がバリアフリー化を実現する一つの要因になっていることがわかる。

　一方で知床地域、白神山地にある観光地でバリアフリー化がなされていないスポットをみてみよう。知床では「フレペの滝」遊歩道がそうである。こ

こは知床五湖と同様、国立公園特別地域特別保護地区に指定されており、また世界遺産地域核心地域に指定されている。確かに開発行為は厳しく制限されているが、条件としては知床五湖と同じであり、もともと入植者によって開発が進められた地域であるという点でも共通である。また地形的な制約もほぼ同じような条件である。にもかかわらずバリアフリー化がなされておらず、車いすでのアクセスは不可能である（かなり無理をすれば行けないこともないが……）。

その理由として考えられるのは、観光スポットとしての重要性、つまり優先順位が低いということであろう。フレペの滝の訪問者については正確な統計がないが、知床五湖と比較して訪問者数が少ないことは明らかである。ゆえにまだバリアフリー化を行うまでには至っていないということだと思われる。

また白神地域にあるバリアフリー化されていない観光スポットとしては「暗門の滝」がある。ここは年間約５万人が訪れる白神地域随一の観光スポットである。それにもかかわらずバリアフリー化が進んでいないのは、地形的制約によるところが大きい。駐車場から滝までは、川沿いのアップダウンのある道を約３キロたどることになる。ここにバリアフリー木道を設置するとなると、かなり大きな工事にならざるを得ない。費用的にもかなりかかるものと思われる。

これらの事例からは、観光スポットとしての重要性が高いこと、そしてバリアフリー化を進めるにあたっての地形的制約が少ないことも、バリアフリー化が進行する要因として考えられることがわかった。

ここまで、バリアフリー新法の規定上、基準適合義務が課されない自然観光地におけるバリアフリー化の条件について、世界自然遺産地域にある観光地の事例を分析しながら、明らかにしてきた。

その条件を整理すると、

①観光資源としての重要性が高いこと
②地形的制約が小さいこと
③オーバーユース問題の発生など、緊急に自然保護のための方策が必要なこと
④ニーズの発生があること

　という四つにまとめられる。このうち特に③については、バリアフリー化は自然への負荷がかかる可能性があるため、自然保護の観点からはむしろマイナス要素と一般的には言えるが、現実的にはむしろ逆で、自然への負荷をできるだけ小さくし、自然保護を進めるためにバリアフリー化が行われることがあるということがわかった（知床五湖、四百年ブナなど）。

　またやはり当事者の声は大切で、実際に車いす利用者からの要望があったことが、バリアフリー化につながるということもみえてきた（四百年ブナ、マザーツリーなど）。

　これは自然観光地ではないが、私たちが訪れた小笠原では、こんなことがあった。私たちが宿泊したホテルには、玄関に段差があったため、事前にホテル側がスロープを設置してくれていた。これ自体一歩前進ということになるが、実は初日にそのスロープを利用した参加者から、「傾斜が急なため危険である」という指摘があった。するとホテル側はその声を受けて、翌日夕方までに、車いす利用者が一人でもより容易に上がることができる、傾斜の緩い新しいスロープを設置した。さらに次の日の夕方までに、新設のスロープにがっちりとした手すりもつけられた。また客室内に入るときのわずかな段差にもしっかりとしたベニヤ板がスロープの役目を果たすように設置されていた。

　また由布島内にある観光施設に、以前車いすのツアー客が訪れたときに、スロープが急だったために、車いすが転倒、怪我をするという事故があった。それを受けて、なだらかなスロープにすぐに交換されたという事例もある。

　このように当事者が実際に訪れて、利用しづらいところについて要望を出

写真4-3　最初のスロープ　　　　　写真4-4　手すり付き

していくということも、物理的バリアをなくしていくためには必要なことである。

　というのも、今回さまざまなところを訪れてみてわかったことは、スポット的にバリアフリー化が進んでいるところは、何らかの形で当事者が意見を出している、もしくは福祉関係者が関係しているというところが多かったからである。

　例えば北海道のバリアフリーペンションのオーナーも元々は福祉関係者である。竹富島の小さな観光会社や屋久島のガイド会社がどうしてリフト付きバスを購入したのかといえば、これもまた家族に福祉関係者がいたからである。屋久島の観光スポットから離れたレストランがバリアフリーになっていたのもまた然り。

　しかしこうした「福祉関係者」の意識にだけ頼っていたのでは、当然限界はある。これをソーシャルアクションにしていくためにもどんどん当事者が出ていって、声をあげる。自分たちの使い勝手のいい形を提案していくということが求められるであろう。

第3節　ヒトのバリアをなくすために

　次にみていくのは、「ヒトのバリア」、すなわちバリアフリー旅行を支える人材をどのようにして確保していくのかということである。
　私たちが旅行を計画するとき、もちろん旅行先や費用、時期なども旅行を楽しいものにするための重要な要素であるが、もう一つ、「誰と旅行に行くのか」という点も旅行の楽しさを左右する大きな要素の一つである。
　ましてや、何らかの形で介助が必要な障がいのある人にとって、「旅行に行こう」と思い立ったときに大きなバリアとして立ちはだかるのは、「ヒト」の問題である。
　通常の場合、普段の生活で介助を提供している人――家族や友人、ヘルパー、施設職員――にそのまま旅行先でも介助してもらえれば、一番安心である。介助のツボを心得ているからである。
　しかしながら、旅行に行ってまで介助をするということは、介助者へかなり負担を強いることになる。また普段介助してもらっているヘルパー等に頼むことは、コスト面や制度面から、あまり現実的ではない。
　この問題は在宅で生活している人に限らない。施設に入所している人であっても、施設が実施する旅行がどんどん減少しているのも、「人手不足」が一つの要因であることは、先述した。
　とすれば、この「人手不足」という問題をどう解決していったらいいのか。ここでは二つの取組みを中心に取り上げてみたい。

1　バリアフリー旅行を支える人材の育成

　一つの動きは家族に代わる旅行中の介護人材の育成である。

現在、さまざまな形で障がいのある人の旅行を支える人材育成の仕組みがつくられている。例えば、おそどまさこさんたちが中心になってつくっている「トラベルボランティア制度」、またクラブツーリズムバリアフリー旅行センターが、自分たちが企画した旅行の際に介助をお願いする「トラベルサポーター制度」などがその代表的なものである。このうちトラベルサポーター制度については、実際に介助を受ける人が介助者の一部分の旅行費用を負担することで、旅行に同行してもらい、旅行中の介助を受けることができるようになるシステムである。

　この二つの仕組みはあくまで、ボランティア的に旅行中に介助が必要な人にマンパワーを提供する仕組みであるが、さらにこれを進めて、資格認定システムを取り入れ、バリアフリー旅行をマンパワーの面で支えるために、ボランティア的な関わりから専門家までを育成するシステムを開発しているのが、NPO法人日本トラベルヘルパー協会である。

　この「トラベルヘルパー（外出支援専門員）」とは「介護技術を有する外出支援、旅の専門家」のことで、身体に不自由がある人、健康に不安がある人の外出希望に応じて、介護旅行の相談からおでかけなど、外出に関わる生活支援、社会参加による介護予防・認知症予防プログラムを行うものである。言うなれば、ホームヘルパーや介護福祉士といった「福祉専門職」とツアーコンダクターなど「旅の専門家」との間に位置する、「介護旅行の専門家」と位置づけられる人たちである。現在、資格認定制度がまさに整備されつつあるなかで、3級、準2級、2級、1級と分けられており、従前の認定制度下でトラベルヘルパーを名乗る人も含めて、現在全国24都道府県に約630人のトラベルヘルパーがいる。

　このうち3級は「地域ボランティア、家族のため、自己実現のためにトラベルヘルパーマインド、トラベルヘルパースキルを身につける」として、仕事としてではなく、ボランティアとして、あるいは自分の家族が旅行する際の介助者として、最低限必要なマインドとスキルを身につけるコースになっ

ている。また準2級、2級については、Eラーニングで35の講座を受講した後、実地研修もしくは合宿を受けて、実際に外出支援ができたり、宿泊介助旅行に同行できるトラベルヘルパーとして働くために必要なスキルを磨くカリキュラムになっている。

　こうして資格が認定されたトラベルヘルパーの活躍の場はさまざまである。例えば自分の家族や知り合いの外出や旅を支援するといったボランティア的な関わりの方もいれば、仕事としてさまざまな介助旅行に同行する場合もある。後者の場合には当然有償となる。また、ちょっとした外出や、旅行中の乗り継ぎやホテルでの入浴介助だけなど、スポット的な利用や、電車や飛行機などの予約、福祉タクシーの予約、バリアフリーの宿泊施設の情報提供といった旅行手配の代行も行っている。

　こうした旅行中の介助の選択肢が広がることで、障がいのある人たちだけでなく、お年寄りも含めた方々の旅行の実現可能性は格段に高くなるだろう。特に高齢者の場合には、介助者が同じく高齢者である「老老介護」であることも少なくない。今後、こうしたトラベルヘルパーのような人材が、全国あちこちにいることで、旅行ニーズとトラベルヘルパーを結びつけるシステムが確立されれば、誰でも気軽に外出や旅行が可能になると考えられる。

　そうしたことを想定しつつ、現在このNPOの理事長の篠塚恭一さんは、全国100カ所の「着地型トラベルセンター」の設置を目指しているという。このセンターには、トラベルヘルパーだけでなく、その土地のバリアフリー情報をしっかりと掌握している障がいのある人たち、あるいは定年退職後の会社員など、地域のさまざまな能力をもった人が集い、旅行情報を発信したり、相談窓口になったりする。そこで、その土地を訪れる介助が必要な人たちにさまざまなサービスを提供するセンターとしての役割を果たすのである。こうしたセンターができてくれば、今まで外出や旅行をあきらめていた人たちが、気軽に外に出るようになるだけでなく、雇用創出や地域振興にまでつながる可能性がある。今後、こうしたネットワークが形成されることを期待

したい。

2　福祉系大学における「バリアフリー旅行」の授業

　福祉系大学に勤務していた私のところに、学生の実習先からよく旅行ボランティアの依頼があった。またいわゆる4週間のソーシャルワーク実習の期間中、私の担当する障がいのある人が利用している施設では、「旅行」が施設の行事として行われることもある。しかしながら少なくとも現時点での社会福祉士、あるいは介護福祉士の養成課程のカリキュラムの中に、障がいのある人に対する旅行の企画運営、あるいは旅行中の介助等に関する教育内容は含まれていない。

　しかし「旅行」が施設利用者にとっても一つの大きな楽しみである以上、それを可能にする人材育成を教育機関でもできないだろうか。そういう思いで、私自身が取り組んだ実践の一端をここに紹介したい。

　この授業は、埼玉県白岡町にある「白岡太陽の里」の全面的な協力を得ながら進めたもので、名付けて「太陽の里旅行プロジェクト」。私が勤務していた浦和大学の授業のなかで、この知的に障がいがある人たちが利用している通所の施設の三つのグループの旅行企画を立て、これを利用者の前で職員の立てた企画とともにプレゼンテーションをして、最終的には利用者にどのプランがいいか決定してもらおうというものである。

　授業は大きく以下の流れに基づいて進められた。
　①施設職員からのレクチャー
　②学生が旅行を企画
　③利用者との交流
　④中間報告
　⑤再度、旅行の企画
　⑥最終プレゼンテーション

まず最初に、施設職員からこの施設で行われてきた今までの旅行について写真などを見せていただきながら、施設で実施する旅行の意義、施設利用者の特徴、旅行を企画する上での配慮点などについて講義をしていただいた。

　その上で、自分たちが担当するグループを決定、そのグループの方たちの障がいの状況やこれまでに行った旅行の情報を基に、学生たちが旅行先をある程度決めていった。しかしこの状態では、まだ実際に利用者の方の顔が見えないため、直接施設を訪問、半日かけて利用者の方々と一緒に作業を進めたり、交流をするなかで、利用者の趣味や行動の状況等をアセスメントシートを利用して、把握していった。

　そこでは、「日本の歴史が大好きな人がいて、ずっとお城の話で盛り上がっていた」とか、「思っていた以上に体を動かすことが好きな人が多かった」など、旅行先を決定する上で重要な情報を得ることができた。

太陽の里プロジェクト・個人票（Aグループ）					
氏　　名	●●　××さん	年齢		性別	男・女
障害の状況					
旅行中の配慮事項	移動				
	食事				
	宿泊				
	その他				
嗜好（趣味・特技・好きなものなど）					
旅行に対する希望					
本人の関わり					

図4-2　旅行アセスメントシート

　こうした情報をもち帰った上で、最終的に1泊2日で旅行先を決定。先の「歴史好き」の人がいるグループは小田原城をメインとした箱根の旅を、「体を動かすことが好き」な人がいるグループは、那須高原にあるテーマパーク「りんどう湖ファミリー牧場」で思いっきり遊んでもらう計画を立てた。

そうしてちょうど中間点で、知り合いの大手旅行代理店の人で、バリアフリー旅行の添乗経験者の方（もちろん一人は研究メンバーの吉岡隆幸）に大学まで来ていただき、学生の中間発表を専門家の立場からアドバイスをしてもらった。

その後、旅行の企画を再度練り直し、各グループの施設職員にもプランをチェックをしていただきながら、最終プレゼンテーションとなった。

最終プレゼンテーションの様子は、RARC（立教大学アミューズメントリサーチセンター）の報告書にも書いたので、そのレポートを以下に掲載する。

去る8月1日（金）、かねてより準備を進めてきました「太陽の里旅行企画プロジェクト」の最終プレゼンテーションが、白岡町保健福祉総合センター「はぴすしらおか」において、開催されました。

当日は太陽の里から、仲間の方々が約30名、施設長、後援会長、職員の方々が約10名、浦和大学の学生約20名の、計60名が集まりました。そして浦和大学の学生たちが考えた旅行企画三つと職員の方々が考えた旅行企画三つの、計6種類のプレゼンテーションが行われました。

まずは施設長、後援会長の挨拶から始まり、次にRARC福祉プロジェクトバリアフリー旅行研究班の馬場より、今までの経過について説明がありました。

そして10時30分より、浦和大学の学生たちが半年間かけて準備を進めてきた旅行企画のプレゼンテーションです。

まずはきれいな八百屋さん担当のグループ「がんばろう！」から、箱根周辺を舞台とした旅行企画の説明がありました。パワーポイントと模造紙の説明を使いながら、ともかく一番の売りである「黒たまご」を中心に、旅行のセールスポイントが小気味いいテンポで語られました。プレゼン後の職員からの感想では、仲間の好きなものが旅行内容によく盛り込まれており、また「自分のペースでゆっくり楽しむ」というコンセプトが、仲間にとって非常

にありがたいというコメントをいただきました。

　次は、きれいな雑貨屋さん担当のグループ「DAIGO」によるプレゼンです。このグループは那須方面の旅行を企画しましたが、迫力ある「バズーカ砲」の実演（？）のみならず、車の模型が旅行の行程を動きながら、そのポイントごとに何が楽しいかを説明するという、非常に工夫されたプレゼンテーションでした。それまであまりイスに座っていられなかった雑貨屋さんの仲間たちが、このプレゼンの間は、静かに集中してイスに座って話を聞いていたのがとても印象的でした。

　この雑貨屋さんのグループについては、職員からもプレゼンがあり、「ちょんまげ」をキーワードとして、相撲見学を中心に、東京下町の風情を楽しむ旅行企画が発表されました。さすが職員の方は、仲間の気持ちを引きつけるのがうまく、またパフォーマンスも魅力的で、笑いの絶えないプレゼンとなりました。

　続いてひまわりグループ担当の「チーム・イルカ」からの説明です。ここは「鎌倉＆江ノ島」方面の旅行企画でしたが、ひまわりグループの障がいの状況に合わせて、「自分たちで選ぶ」をコンセプトとし、観光地・宿・昼食の三つについて、それぞれ魅力的な場所を提示し、仲間の方々にその場で選んでもらうという方法でプレゼンテーションを行っていました。プレゼン後、「水族館に行きたい」「大仏がいい」などと発言する仲間もいて、この「選んでもらう」方式はとても仲間に合っている感じがしました。

　ひまわりグループからは職員も二つの案を提示しました。一つは「温泉」をメインにした草津旅行、もう一つは八つの魅力満載、特にお酒を売りにした会津旅行の企画でした。どちらも仲間の方々へのヒアリングから生まれた企画であり、さすが仲間のこころをつかんだ発表となりました。

　休憩をはさんだ後、どの旅行企画にするか、仲間の方々に拍手で選んでいただきました。八百屋グループは無投票で「箱根旅行」に決定。雑貨屋グループは僅差で「大相撲観戦」となり、またひまわりグループは三つの案が甲

乙つけがたく、仲間からの「二つ行きたい！」との声もあり、今後仲間の方々の話し合いを通じて、選んでいただくことになりました。

　最後に施設を代表して、ずっとこのプロジェクトに関わっていただいた篠崎さんより講評があり、最後に馬場からまとめの発言があり、幕を閉じました。

写真 4-3　八百屋グループ担当プレゼン

写真 4-4　雑貨屋グループ担当プレゼン

写真 4-5　ひまわりグループ担当プレゼン

　この活動を通して、福祉施設と福祉系大学が連携を取りながら、旅行の企画が立てられたことは、それぞれにとって意味があったことと考えられる。

　福祉施設にとっては、学生の新しい感覚や発想を取り入れながら、旅行企画が立てられたことで、どうしてもマンネリになりがちな毎年の旅行企画が活性化するというメリットがあった。

また学生にとっては、生きた勉強として、実際に障がいのある人たちの旅行を企画できたことで、福祉施設における旅行企画のポイントを学ぶことができた。そこには福祉施設職員だけでなく、プロの旅行会社社員からのアドバイスがあったことで、企画立案を行うときに福祉的視点、旅行の専門家的視点から、どのような配慮をすることが必要なのかが十分に理解できたように思う。

　とともに、今回は不十分であったが、当事者の希望をどう盛り込んでいくかということも学べたのではないだろうか。私が授業のなかで、単なる学生からの提案という形にせずに、利用者の方々との交流を通して、旅行についての希望を直接聞いたり、最終的には利用者の方々の前でプレゼンテーションをして、利用者に選んでもらうという方式にしたのも、立案者が単によかれと思って企画を立てるのではなく、利用者の自己決定を尊重するという視点を大切にしようと思ったからである。

　こういった福祉施設における旅行の企画といった授業内容が、もっともっと大学等の福祉人材を養成する機関で行われるようになることが、人のバリアを取り除くための一助となることは疑いない。

第4節　情報のバリアをなくすために

　最後に四つめのバリア、「情報のバリア」をなくすための取組みについて紹介しよう。ここでは、行政・ＮＰＯ・民間に分け、それぞれ積極的に情報発信を行っている例を紹介する。

1　行政主導型の情報発信：宮崎県宮崎市

　ここは行政が主体となってバリアフリー観光を積極的に推進している自治体の一つである。そして特にインターネットにおける情報発信が進んでいる。宮崎市観光バリアフリー協会によるWebサイト「宮崎観光バリアフリー」や「みやざきバリアフリー情報マップ」などを中心として、自宅にいながら難なく旅行計画が立てられるほど、詳しいバリアフリー情報が手に入る環境が整っている。以下に媒体ごとの特徴について述べていきたい。

●宮崎観光バリアフリー
　このうち「宮崎観光バリアフリー」のWebサイトは、「行けるところではなく、行きたいところへ、行ける街！」をテーマに、宮崎市観光バリアフリー検討委員会がきっかけとなって作ったものである。
　一般に「バリアフリー情報」といえば、トイレや段差の有無といった設備の情報が公開されることが多い。しかしそれだけでは、なかなか旅行意欲がわかないのが現状である。
　サイト内の「このサイト発足の思い」のページによれば、発足の際、障がいのある人が「〇〇さん、俺たちは、街にションベンしにいくわけじゃないんだ」と福祉関係者に話す声を聞いたそうだ。そこでこのサイトでは、障が

いのある人が本当に「行きたいところ」の情報の提供を徹底しており、バリアがないところに限らず、「バリアがあっても行きたいところ」のバリア情報も掲載している。

　「宮崎観光バリアフリー」（以下、「本サイト」と記す）での観光情報の発信は、主に「宮崎観光バリアフリータイムリーニュース」というブログを介して行われる。ブログは通常のホームページよりも編集が容易で、特別な技術などは要らないので、よりタイムリーに情報を更新することができる。また本サイトが利用している「みやChan」というブログサービスは、宮崎県内を中心に福祉用具の販売・レンタルを行っている、地元企業である株式会社宮崎ヒューマンサービスによって運営されており、広告も極力抑えられているのが特徴である。

　またブログの場合、記事が日記形式で積み重なっていくため、ページサイズが肥大化したり、必要な情報だけを取り出すのが難しくなったりするが、本サイトは「サイトマップ」のページを作って見やすさにも配慮している。

　このブログでは、特に「食」を重視している。「観光地および観光地周辺情報」の掲載数が16（ただし、平和台公園は3回にわたって紹介されている）なのに対し、「居酒屋」・「飲食店」の掲載数は15。全国各地が「バリアフリーの食情報」の発信に躊躇するなか、観光施設と同等の数を紹介しているのは、かなり多いと言える。「障がいのある人が行きたいところ」を重視してサイトを作ったからこそであろう。

　写真が多く、視覚的に楽しい構成になっている。写真は外観・出入り口・店内（通路の幅や座席の状態がわかるように配慮されている）・料理・トイレを撮影したものが掲載されており、バリアフリー情報とともに、「どんな美味しそうなご飯が出てくるか」といった楽しみの情報まで有機的にリンクしている。

　また文字情報としては、出入り口〔段差、扉の種類（開き扉か引き扉か）、幅〕・トイレ・駐車場の情報からバリアフリーの基本情報がわかるほか、「バリア

フリーについて」の欄で「+α」のバリアフリー情報を柔軟に補足している。さらに「お店からのＰＲ」の欄もあり、利用者にどんな人が営んでいるレストランなのかわかるようになっている。

　単にアクセシブルかどうかだけでなく、お店の人のメッセージなど、ソフト面についても情報発信を行っている点が印象的である。

　さらに観光地および観光地周辺情報についても充実している。そのなかには、生目の杜運動公園や宮崎神宮などのスポット単体の情報もあるが、青島や飫肥城下町、南郷〜都井岬へのドライブルートなど、「面」の観光情報が充実している。実際に車いすの人と訪問した体験記が書かれており、写真上に車いす利用者も写っているので、障がいのある人にとっては、通常の文字情報よりも親近感がわくようになっている。

　実際に車いすで歩いた段差などの感想と、トイレ等の情報が充実している。また「面」の紹介では、お勧めの観光ルートなども紹介されている。

　さらに交通機関・交通施設については、宮崎の玄関口である宮崎空港や宮崎駅と、観光スポットである青島と「こどものくに」に近接する青島駅と子供の国駅に関するバリアフリー情報が載っている。単に「設備がある」というだけでなく、写真付きで「スロープといってもどの程度の角度か」・「雨に濡れないか」・「改札口の通路幅はどれくらいか」などが詳しく解説されているので、交通機関や空港のWebサイトよりも一層利用者の目線が生かされていて、わかりやすい。

　またここで特筆できるのは、バリアについても詳しく載っていることである。例えばJRの青島駅と子供の国駅には一切のバリアフリー設備がないが、単に「階段」で終わりではなく、「全長は〇〇で、車いすを担いで上げられる程度の階段」なのか、「抱えることも必要」かなどの情報もある。バリアフリー情報を公開するサイトで、バリアについてもここまで詳しく公開していることは画期的である。

●宮崎観光バリアフリーマップ

　宮崎観光バリアフリーマップは、宮崎市バリアフリー検討委員会が上記ブログでの成果を一つの紙媒体としてまとめたものである。「宮崎観光バリアフリー」のホームページでもＰＤＦファイルで掲載されている。車いすの人が実際に活動している写真を多く用いた「どうしたら行けるか」の情報のほか、観光スポットの紹介文も加えられた。「マップ」の名のとおり、地図も掲載されており、非常に価値の高い観光パンフレットになっている。

　またバリアフリールームのあるホテルのリストのほか、「特集」として障がいのある人の雇用を行っている店の紹介もある。

　ブログでの地道な活動の成果が詰まったパンフレットである。

●みやざきバリアフリー情報マップ（http：//m-bfree.pref.miyazaki.lg.jp/）

　宮崎県福祉保健部障害福祉課が運営するサイトである。「車いすで行ける観光地検索」と「県内バリアフリー施設情報検索」の二つのメニューがあり、県内外に広く情報を発信している。

〈五つの工夫〉

　みやざきバリアフリー情報マップは、以下の五つの特徴をもち、きめ細かいバリアフリー情報を発信している。

①バリアフリー情報をわかりやすく伝える工夫

　このホームページの特徴として、洗練された見やすさと使いやすさがあげられる。

　「観光地検索」のメニューでは、宮崎県を六つの地域に区分し、エリアごとにページが分かれている。エリア名をクリックすると、観光資源についての説明が表示され、さらに個別の施設や観光スポットへのリンクが表示される。ここをクリックすると、地図と写真でアクセス情報が表示され、それぞれ番号が振られて対応しているので、バリアフリー経路も写真付きでわかるようになっている。

特筆できるのは臨場感である。常に地図とリンクしている他、旅行会社のホームページかと思うほどの綺麗な写真とページの作り方で、宮崎の空気が感じられる構成になっている。利便性と美しさをかね備えている。
②障がいのある人や高齢者が楽に使える工夫
　宮崎市は、市役所のサイトにも「ウェブ・アクセシビリティ支援ツール」を導入するなど、情報のバリア改善に向けて積極的に取り組んでいる自治体であり、みやざきバリアフリー情報マップも情報自体のバリアフリー化が図られている。
　簡単な操作で文字の大きさを変更できたり、背景の白黒を変更できたりするほか、音声読み上げソフトにも対応している。
③福祉のまちづくりを知ってもらう工夫
　県内の「人にやさしい福祉のまちづくりの優良事例」の紹介の他、子どもに福祉のまちづくりについて知ってもらうための「キッズコーナー」も作り、県内外にバリアフリーに関心をもつ人口が増えるように工夫している。
④県民と情報交換する工夫
　身のまわりの優れたバリアフリーについて書き込んで自慢する「バリアフリー自慢」コーナーを設置したり、メールマガジンを配信したりして、県民がバリアフリー状況について発信し合い、情報共有ができるような環境を整えている。
　また障がいのある人の体験記を書き込めるスペースもあり、最新情報の把握に努めている。
⑤ホームページのバリアフリー化を進めるための工夫
　情報のバリアフリーの一層の充実に向けて、ホームページのバリアフリー化に関する手引書を公開し、県民に啓発している。

　その他のみやざきバリアフリー情報マップの特長として、「きめ細かな視点」が挙げられる。

〈当事者目線の情報提供〉

　みやざきバリアフリー情報マップでは、ＮＰＯ法人宮崎福祉のまちづくり協議会などの有識者や障がいのある人自身を「調査員」として登用しており、非常に多くの観光情報がありながら、その一件一件に「調査員のコメント」が載っている。

　よって情報も当事者目線である。トイレ（写真間取り図付き。寸法までわかるものもある）や駐車場の車いすスペースはもちろん、駐車場から入り口までの長さや入り口の幅、施設であれば通路の幅や広さ、スロープの長さや角度もわかり、またビーチ沿いなら「砂が車いすに付く」などの情報もあり、非常に細かいところまで配慮が行き届いている。

　これらは実際に現地に赴いて調査したからこそ得られる情報である。当事者目線の信頼できる情報が提供されていると言えるだろう。

　以上のように、「みやざきバリアフリー情報マップ」は観光情報と県民向けのバリアフリー情報が共存したサイトになっている。「バリアフリーは観光客・住民どちらにも有益であり、地域づくりの先に観光地づくりがある」ということを表しているようであり、バリアフリー観光地の新しいモデルとして、今後も大きく発展する可能性を秘めているのではないだろうか。

2　ＮＰＯ主導型の情報発信：知床バリアフリー情報センター

　知床は2005年7月に世界遺産に登録された、豊富な自然資源を有する地域である。斜里町・羅臼町にまたがっており、観光地としては知床の遊歩道に近いウトロ温泉を中心として発展している。

　バリアフリー観光は主に斜里町で積極的に推進されている。知床ほどの雄大で厳しい自然をもつ場所は、一般に車いすで観光などできないと思われがちだが、実際には知床五湖周辺に高架木道が設置されているし、知床を楽しむことは可能なのである。

　その固定観念と実際のギャップを埋めるべく情報発信活動を行っているの

が、知床バリアフリー旅行情報センターである。

　この知床バリアフリー旅行情報センター（以下、「センター」と記す）は、知床でネイチャーガイドなどを行っている特定非営利活動法人「知床ナチュラリスト協会（通称"Shinra"。以下 Shinra と記す）」に併設されている組織である。

　センターでは、「障がい者や介護者が知床の観光をする際の情報提供」・「地域の観光関係者へのサービス介助の習得支援」・「レスパイトサービスを中心とした現地サービスへの取次ぎ」を主要事業として、知床でのバリアフリー観光の振興に向けて、精力的な活動を行っている。

　そのなかで、バリアフリー情報発信のキーパーソンは、Shinra 代表の藤崎達也氏と、専務理事の岩山直氏である。

　藤崎氏と岩山氏は以前から、「対応できる範囲でバリアフリー観光をやってみたい」とおぼろげに話し合っていた。2008年2月、クラブツーリズムのバリアフリー旅行ツアーの送客があってから、考えは具現化し、私たち RARC のモニターツアーの訪問が、さらにその実現を推し進めた。

　「知床でも障がいのある人が観光を楽しめる環境はある。しかし情報がないと、それは伝わらず、本来旅行を楽しめる人も楽しめない」

　両氏は、以前から市役所などが作る「バリアフリー情報ガイド」に不満をもっていた。例えばいくらトイレがあっても、公民館や○○福祉センターに行きたいと思うだろうか――。

　もっと「見て楽しいマップ」や「立ち寄りたいマップ」があってもよいのではないか。その思いがきっかけとなり、知床でバリアフリー情報の発信が始まったのである。

　バリアフリー情報は「施設の情報」のページで文字情報として一覧表示しているほか、"Google Map" を利用して行われている。障がい者自立支援施設で働いた経験をもつ岩山氏が、原則として障がいのある人と共に歩いて、自分の目で見て情報を収集しているので、単に段差の有無に限らず、自走の

可否（可能であればどの程度までか）や回転スペースの有無なども掲載され、体験談に基づいたきめ細かい情報が手に入る点が魅力である。

またGoogle Mapでは表示できる情報も限られるが、必ずホームページへのリンクを掲載しており、情報のフォローアップも図られている。

さらにこのＨＰからの情報の特徴は、アクセシブルが決して優れているとは言えない施設も多数掲載しているところである。

例えば「フレペの滝遊歩道」では、「急な坂があるため車いすの通行はできない」と書かれながら、「別の道を使い、かつ体力のある介助者（経験上女性では厳しい）が付き添うことができれば散策は可能」とあったり、「天候により遊歩道に泥濘ができて、通行不能になる」とあったりする。これらはガイドを長年務めてきた岩山氏ならではの「生」のバリア情報と言える。

「段差がないか」ではなく、おもてなし精神とサポートがあれば「利用できるのか」・「受け入れてくれるのか」という基準で情報を掲載している。ハードだけで判断すると、知床地域には車いすで行ける場所が極端に少なくなってしまうことを考慮し、ソフトによる補完でバリアフリーを実現してきたからであるが、バリアフリーといえば物的な段差の有無に結びつけてしまう全国的な傾向からみれば、画期的な試みである。

3　民間主導型の情報発信：平田観光株式会社

平田観光株式会社は沖縄県石垣島にある旅行代理店である。この会社では、2003年からバリアフリー観光の推進を行うべくプロジェクトチームを発足させ、沖縄県内でもいち早くリフト付き大型観光バスを導入したり、八重山諸島を就航する高速船をバリアフリー化するなど、まずはハード面でのバリアフリー化を進めた。その後、時には100名以上の障がいのある観光客を受け入れるなど、数多くのバリアフリーツアーを実施、その過程で、職員教育にも力を入れ、今ではホームヘルパー２級の有資格者が２名、サービス介助士が15名おり、旅行中に必要なさまざまなサポートを行っている。こうし

た数多くのツアー実施経験から、まさに八重山諸島におけるバリアフリー観光情報のほとんどすべてがここに集約され、問い合わせに答えてくれるだけでなく、旅行代理店として数多くのバリアフリーツアーの企画を行っている。

なお平田観光は、車いすを8台搭載できるリフト付きバスの導入といったハード面の整備だけでなく、福祉関係の資格取得を社内で推進するといったソフト面での強化を行い、観光バリアフリーに努めたとして、2006年度バリアフリー化推進功労者として内閣府より表彰されている。

基本的に、この平田観光のバリアフリー情報の発信は、ホームページからである。そこには八重山諸島の観光スポットにおけるさまざまなバリアフリー情報が掲載されている。ここの強みは何といっても、情報の正確さと情報更新のスピードである。ともかく年間10回程度のさまざまな障がいのある人の団体予約を受け入れており、その実施のたびに、施設設備の状況が明らかになる。「車いすトイレが壊れて使えなくなっていた」とか「あそこのレストランに多目的トイレがついた」などなど、その時々の情報がいち早く集まるのが民間、特に旅行会社が運営しているホームページでの情報発信の強みである。

また実際に添乗に行く社員のなかで、福祉系の有資格者が数多くいることも強みである。観光地に行ったとき、チェックする視点が、福祉の勉強をしたことがある人とそうでない人とでは、まったく異なるからである。

こうした正確かつ迅速な情報が提供されていることが、平田観光の大きな特徴となっている。

飯島文香（法政大学現代福祉学部・TLRメンバー）
肥田木健介（立教大学観光学部・TLRメンバー）

あとがき

　本書はRARC（立教大学アミューズメントリサーチセンター）福祉プロジェクトの中に設置された「バリアフリー旅行班」の5年間にわたる研究の一端をまとめたものである。
　この5年間に訪れた世界自然遺産地域（候補地も含む）は、北から知床、白神山地、屋久島、八重山諸島、小笠原諸島の計5カ所である。
　またそれ以外にも、北海道、埼玉県、東京都、千葉県、長野県、滋賀県、京都府、宮崎県、ニューヨークなどを訪問し、さまざまなバリアフリー旅行に関わる方々にお会いした。
　今、思い返せば、訪問した各地で本当にすばらしい出会いに恵まれ、まさにそうした出会いのおかげで本書をまとめることができたといえる。ここでそのすべての方々のお名前を記載して感謝のことばを述べることはできないが、その出会いすべてが、本書を生み出す原動力になったことは間違いない。
　さらにこの5年間の活動のなかでは、若い学生たちとの新しい動きも始まった。「Traveling-Life-RARC」（TLR）の立ち上げである。このサークルの名称には以下のような想いが込められている。

　　このネーミングは直訳すると「旅するいのち」ですが、私たちが生きていること、それ自体が、つまり人生自体が「旅をしていること」そのものではないかと思い、この名まえにしました。
　　あらゆる「いのち」の「旅」を探っていく。どんな人にも、どんないのちにも、どんな自然にも、それらが望むべき旅が、つまり生き方があるのだと思います。
　　それを探っていけたら……、望むように楽しめたら……。そんな願いも

含まれています。

　そして本書に挿入されている「学生バリアフリー調査隊が行く！」の二つのレポート及び第4章の一部は、TLRのメンバーが執筆している。
　まだまだ研究は緒についたばかりであり、やればやるほど課題が見えてくる5年間であったが、この本の執筆を終え、関係者の方々に感謝のことばを贈って、いったん活動を終えたい。しかしまた何らかの形で、日本、いや世界を障がいのある方々と回りながら、一人でも多くの人が旅を楽しめるような社会に向けて、何らかの提言ができればと思っている。すべての人が旅をすることで、生きる力を取り戻し、生きる喜びを感じ、知らない人と知らない土地でつながり合う素晴らしさを実感できるような社会になるために……。

　最後になったが、本書の出版にあたり、立教大学アミューズメントリサーチセンター福祉プロジェクトより、研究成果発表のための印刷製本費をいただいた。この場を借りて感謝申し上げたい。また本書の編集作業は、現代書館の小林律子さんにお願いした。私事になるが、吉岡、馬場ともNPO法人への「転職」という大きな節目のときに、原稿執筆が重なり、筆も進まず、いろいろとご苦労をおかけした。小林さんの力なしでは、本書は刊行できなかったと思われる。心からお礼を申し上げたい。

2010年3月

　　　　　　　　　　　　　　　　　　　　　　　　馬場　清・吉岡隆幸

❖編著者紹介

馬場　清（ばば・きよし）
1963年5月25日生まれ。
立教大学アミューズメントリサーチセンター研究員。
大学卒業後、私立中学高校、埼玉県立高校の社会科の教員を経て、2010年3月まで浦和大学総合福祉学部に勤める。
1989年に発足した、日本福祉文化学会に事務局員として関わり、事務局長、理事を務める。その間、障がいのある人の旅行に関心を持ち、『障害者アクセスブック〜海外旅行編〜』（草薙威一郎氏との共著、中央法規出版）、『障害をもつ人びととバリアフリー旅行〜石坂直行の思想と実践〜』（明石書店）などを執筆。
現在、特定非営利活動法人日本グッド・トイ委員会事務局長、東京おもちゃ美術館副館長。

吉岡隆幸（よしおか・たかゆき）
1982年4月15日生まれ。
立教大学アミューズメントリサーチセンター特別研究員。
立教大学コミュニティ福祉学部コミュニティ福祉学科卒。
学生の頃にホノルルマラソン・バリアフリーレースデイウォークにボランティアとして参加し、バリアフリー旅行に興味を持つ。大学卒業後、株式会社クラブツーリズム・バリアフリー旅行センターに約4年間勤務し、車いすの方たちを世界中に案内する。
退社後、現在は特定非営利活動法人ＴＩＮＡに所属しながら千葉県九十九里の地域活性化に従事する。

車いすでめぐる日本の世界自然遺産 ── バリアフリー旅行を解剖する

2010年5月30日 第1版第1刷発行

編著者	馬場　清・吉岡隆幸
発行者	菊地　泰博
組版	メイテック （単色ページ）
	渡辺　将史 （カラーページ）
印刷	平河工業社 （本文）
	東光印刷所 （カバー）
製本	越後堂製本

発行所　株式会社　現代書館
〒102-0072 東京都千代田区飯田橋3-2-5
電話 03(3221)1321 FAX03(3262)5906
振替 00120-3-83725 http://www.gendaishokan.co.jp/

地図制作・曽根田栄夫／校正協力・迎田睦子
© 2010 BABA Kiyoshi YOSHIOKA Takayuki Printed in Japan
ISBN978-4-7684-3505-2
定価はカバーに表示してあります。乱丁・落丁本はおとりかえいたします。

本書の一部あるいは全部を無断で利用（コピー等）することは、著作権法上の例外を除き禁じられています。但し、視覚障害その他の理由で活字のままでこの本を利用出来ない人のために、営利を目的とする場合を除き、「録音図書」「点字図書」「拡大写本」の製作を認めます。その際は事前に当社まで御連絡ください。
また、テキストデータをご希望の方は右下の請求券を当社までお送りください。

活字で利用できない方のためのテキストデータ請求券『車いすでめぐる日本の世界自然遺産』

支援の障害学に向けて

横須賀俊司・松岡克尚 編著
村上和夫・長田佳久・河東田博 編著

障害者と障害をもたない人との社会関係を「支援」と「つながり」をキーワードに、ソーシャルワーク、聴覚障害学生へのノートテイク、精神科病院での権利擁護、バリアフリー旅行、政策立案過程への参画、障害者と共に働く福祉農園等の実践から捉え返す、障害学分野における意欲的な論考。1700円+税

たのしみを解剖する
――アミューズメントの基礎理論

川内美彦 著

人は何を楽しいと感じるのか。価値観が多様化した現代社会の中で、個人が生活を楽しむ豊かさを重んじるアミューズメント社会について、観光学(ホスピタリティ、旅)、心理学(楽しみの認識)、福祉学(人と人との出会い、関係性)の各側面から考察する。2500円+税

バリア・フル・ニッポン
――障害を持つアクセス専門家が見たまちづくり

ベンチレーター使用者ネットワーク 編

日米の車いす利用のアクセス専門家が日本全国を講演旅行中に遭遇した制度・設備(ハード)・情報文化・意識のバリアの数々。駅・空港・交通機関・公共建物・道路等々、障害を持つがゆえに「二流市民」扱いの日本社会のあり方を解剖し、誰もが使えるユニバーサルデザインを提起。2000円+税

ベンチレーター(人工呼吸器)は自立の翼
――ベンチレーター国際シンポジウム報告集

ベンチレーター使用者ネットワーク 編

二〇〇四年、札幌・東京・大阪で行われた、ベンチレーターを使って自立生活しているスウェーデン・カナダ・アメリカ・日本の障害者とベンチレーター使用者の在宅医療を進める医学博士による講演会とシンポジウムの記録。自立生活・介助・旅・在宅医療支援の情報満載。2500円+税

自立生活運動と障害文化
――当事者からの福祉論

全国自立生活センター協議会 編

親許や施設の中でしか生きられない、保護と哀れみの対象とされてきた障害者が、地域生活の中で差別を告発し、社会の障害観、福祉制度のあり方を変えてきた。一九六〇~九〇年代の障害者解放運動、自立生活運動を担ってきた一六団体、三〇個人の軌跡を綴る。障害学の基本文献。3500円+税

エンジョイ自立生活
――障害を最高の恵みとして

樋口恵子 著

脊椎カリエスによる障害で施設生活し、一四歳で人生のパートナーに出会い二〇歳で結婚。その間自己を抑圧して成長した著者が、一期生としてバークレーのCILで学び、日本初の自立生活センターを設立して、自立生活運動を日本に根づかせる。自己回復の行程を語る。障害者リーダー養成研修一1500円+税

医療現場で働く聞こえない人々
――社会参加を阻む欠格条項

聴覚障害をもつ医療従事者の会 編

聴覚障害をもちながら、医師・看護師・保健師・薬剤師・医療検査技師等として医療現場で働く人々の体験談、アンケート調査などから、資格取得までの教育・研修のあり方や、職場での工夫や周囲との関わり方、情報保障、研修などのサポート体制の課題を明らかにする。1600円+税

(定価は二〇一〇年五月一日現在のものです。)